布│合│わ│せ│で│楽│し│む

ワンランク上の布バッグ [増補・改訂版]

はじめに

両親の影響もあってか、小さい頃からお裁縫も編み物も木工も、
とにかく作ることに好奇心旺盛な子でした。
作ることが楽しくて、見よう見まねで作ってみたり
"上手に丁寧に"というよりは、"早く作って使いたい"という気持ちが強く
出来上がったそれは今では見せられないものばかり。
その私が今や作ることを本職にしているのは、不思議なものです。

教える立場になってからは、生徒さんから学ぶことも多く
その経験を生かし、本書では手の込んだ難しい作品をというよりは、
基本的なことを学びながら仕上がりが綺麗な作り方のコツや布合わせなど
ワンランク上を目指したバッグ作りを紹介しています。

まずは自分のお気に入りの布を広げてみましょう。
自分の好きな生地同士を合わせたものならば、どんなものよりも愛着が湧くはずです。
そしてその布合わせに飽きてきたら、いつもと違う布を少しだけプラスしてみて。
普段は思いつかないような意外な組み合わせを発見できたら、ワクワクしちゃうし
出来上がった作品は世界でたった一つの自分だけのオリジナル。

すこしくらいゆがんでいても、作ることを楽しめたのならそれでいいのです。
正解のないハンドメイドの世界だからこそ、
好きな時に好きな布で好きな形のものを作って
一緒に"手作りのある暮らし"を楽しんでもらえたらうれしいです。

猪俣 友紀

Contents

- 002 はじめに
- 004 目次
- 007 本書の使い方
- 008 注意事項

Part.1
009 ソーイングの基本

- 010 ミシンについて
- 010 ミシンの種類と選び方
- 014 ミシンの各部名称と働き
- 016 下糸と上糸の準備
- 020 糸調子と縫い目の長さ
- 022 ミシン針とミシン糸

- 023 ソーイングの道具

- 026 Column ソーイング用語集

Part.2
027 布とその他の素材

- 028 布地について
- 028 布目について
- 029 バイアステープについて
- 031 水通しと地直しについて
- 033 接着芯について

- 036 便利な素材集
- 036 布地の種類
- 042 様々なレースと革素材

- 044 金属のパーツ
- 044 金具とファスナー
- 046 金具の取り付け方

- 048 Column 布合わせを楽しむ

Part.3
049 型紙の作り方と縫い方の基本

050 型紙について
050 型紙から生地を切り出す

056 手縫いのしかた
056 おもな縫い方

058 ミシン縫いの基本
058 基本の縫い方
058 直線を縫う
059 薄い生地を縫う
060 伸縮性のある生地を縫う
060 キルトを縫う
061 ビニールコーティング生地を縫う

062 裁ち端と縫い代の始末
062 ジグザグ縫いで端を始末する
063 縫い代を割る
063 縫い代を片倒しにする
064 折り伏せ縫い

065 角を縫う
065 直線を縫う
065 角を表に返す
066 鋭角を縫う

068 立体やマチを縫う
068 立体の直角を縫う
069 円形の底を作る
070 三角マチを作る①
071 三角マチを作る②
072 つまみマチを作る
073 内マチを作る

074 返し口から表に返す

Part.4
075 バッグを作る

- 076 ふんわりキルトトート
- 082 リネンのくったりリバーシブルショルダー
- 088 大人シックなローズのバンブートート
- 094 ビニールコーティングの保冷バッグ
- 100 ダブルファスナーポシェット
- 108 角がキリリなスクエアビニコトート
- 116 ふわふわファーのラウンドトート
- 122 バイカラーがおしゃれな帆布のマルシェ
- 130 革が決め手の冬仕立てラウンドポシェット
- 138 ローズが素敵なグラニーバッグ
- 146 ドラム型ボストンバッグ＆
   おそろいファスナーポーチ
- 158 ラミネート生地のグラニーバッグ

174 製作の幅を広げるアレンジレシピ

- 174 ダブルファスナーポシェット マチ付きアレンジ
- 177 マルシェバッグ 巾着口アレンジ
- 179 ラウンドポシェット ファスナー口アレンジ

- 182 おわりに
- 183 資材提供

本書の使い方

この本は、「バッグ作りに必要な基礎知識」について解説するページ(Part.1～3)と、作品の作り方を詳しく解説するページ(Part.4)から構成されています。
「ソーイングの基礎知識やバッグに関する基本的な事柄を学びたい!」という初心者さんはp.9から読み始めましょう。「念のためにおさらいしたい」という方も、ぜひ読んでみて下さい。「今すぐバッグ作りを始めたい!」という方は、p.75からスタートしてもOK。
また、作例解説ページでは12のアイテムを掲載しています。ページが進むにつれて作り方の難易度が少しずつ上がっていくので、初心者さんははじめの方のアイテムから作り始めると良いでしょう。

作例解説ページについて

① アイテムの基本情報
バッグの名前と出来上がりサイズ、型紙の有無と掲載場所を記載しています。説明文には、バッグの特徴や作る際のちょっとしたコツが書かれています。直線のみで構成される一部のバッグとパーツの型紙は、掲載していません。③の裁ち方図内の寸法を参照して、布に直接線を書き入れてパーツを裁断しましょう。

② 材 料
バッグを作るのに必要なパーツの一覧を文章と写真で掲載しています。切り出した布パーツの形や枚数をひと目で確認できるので、作り始める前のチェックにぜひお役立て下さい。

③ 裁ち方図
それぞれの布からどのようにパーツを切り出すかを図解しています。矢印は布の縦方向を示します。同じ形のパーツが複数必要な場合や、左右対称な形のパーツ・「わ」を含むパーツは布を折り曲げた状態で裁つと良いでしょう。また型紙を書き写す際は、裏返した布の上に型紙を置き、チャコペンなどで周囲をなぞります。そして、縫い代として型紙より1cm大きく切り出します。縫い代の指定がある場合は、指示に従って切り出すようにします。(接着芯の切り出し方は記載していません。)

④ 用 尺
バッグを作るのに必要な布の大きさを記載しています。お店で布を購入する際の目安になりますよ。

注 意 事 項

■ この本は、習熟者の知識や作業、技術をもとに、読者に役立つと弊社編集部が判断した内容を再構成して掲載しているものです。あくまで習熟者によって行なわれた知識や作業、技術を記事として再構成したものであり、掲載している作業をあらゆる人が成功させることを保証するものではありません。そのため、出版する当社、株式会社スタジオ タック クリエイティブ、および監修者では作業の結果や安全性を一切保証できません。また本書に掲載した作業により、物的損害や傷害などの人的損害の起こる可能性があり、その作業上において発生した損害について当社では一切の責任を負いかねます。すべての作業におけるリスクは、作業を行なうご本人に負っていただくことになりますので、充分にご注意ください。

■ 使用する物に改変を加えたり、取り扱い説明書などの指示等と異なる使い方をした場合には不具合が生じ、事故等の原因になる可能性があります。メーカーが推奨していない使用方法を行なった場合、保証やPL法の対象外になります。

■ 材料などの注文に際しては、販売元のメーカー、ショップに価格、在庫などを必ず事前にお問い合わせください。材料の注文、使用に関する損害等について、当社ではその一切の責任を負いかねます。

■ 写真や内容が一部実物と異なる場合があります。

■ 本書は、2014年9月現在の情報をもとに編集されています。本書に掲載している商品やサービスの名称、仕様、価格などは、予告無く変更されている場合がありますので、充分にご注意ください。

■ 本書に掲載している全ての作品の著作権は、著作者に帰属します。また、公開できる情報は、本書で掲載していることが全てとなります。

■ 本書に掲載されている写真や記事、型紙などの無断転載及び無断使用を禁じます。また、個人的に楽しむ場合を除き、本書の型紙を使用・流用した作品を無断で制作・販売することは、著作権法で禁じられています。

Part.1
ソーイングの基本

ミシンについて

ミシンはソーイングに欠かせない大事な道具です。ここではその選び方から上糸や下糸のセットの仕方、糸調子の調節といった扱い方まで解説します。快適な作品作りができるように、基本をしっかりと押さえましょう。

ミシンの種類と選び方

ミシンには、さまざまな種類があります。本書で紹介しているような、しっかりとしたバッグを家庭で作るためには、どのようなものが向いているのでしょうか？ ミシンの種類や選び方のポイントを解説します。

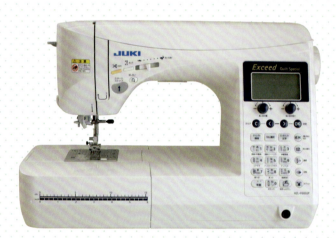

▶ 家庭用ミシン（コンピューターミシン）

針の上下運動や糸調子、刺繍縫いといった動作のすべてをコンピューターで制御した家庭用ミシン。たくさんの模様を記録することも可能。不具合があった際にエラーメッセージが液晶パネルに表示されるなど、サポート機能もある。家庭向けのミシンには、この「コンピューターミシン」のほかに「電動ミシン」や「電子ミシン」がある。

その他の家庭用ミシンの種類

電動ミシン	針の上下動や送りを内蔵モーターで行う、昔ながらのタイプ。パワーが弱く、厚地の布には不向き。
電子ミシン	針の上下動は電子制御だが、糸調子や縫い目の調節などは、ダイヤルを回して手動で行う。パワーが弱い傾向があり、厚地縫いは難しい。

■ ミシンの種類を知る

ミシンの種類は、大きく分けて「家庭用ミシン」と「職業用ミシン」「工業用ミシン」の3つがあります。家庭用ミシンは、製品にもよりますが、刺繍やボタンホールを自動で縫えたり、かがり縫いができたり、さまざまな機能を搭載しています。サイズも比較的コンパクト。価格は数万円から10万円を超えるものまであります。ビギナーは安価なものを選びがちですが、値段と扱いやすさは比例するので、初心者こそできるだけ良いものを選びましょう（選び方のポイントはp.12〜13）。

職業用ミシンは、家庭用ミシンよりも上位といえる直線縫い用ミシンです。仕事を前提とした仕様なので、縫うスピードが速くてパワーがあります。直線縫いに特化しているので、裁ち目かがりをしたい場合は「ロックミシン」という裁ち目かがり専用のミシンが必要になります。

職業用のさらに上位にあたるのが工業用ミシンです。縫製工場などで長時間大量に縫うためのものなので、職業用とは比較にならない丈夫さとパワーがあります。

押さえについて

ミシンには、さまざまな押さえが付属しています。布の種類や縫い方に応じて使い分けましょう。写真はジューキのHZL-F600 JPに付属しているもの（一部）。

基本押さえ
直線やジグザグを縫うときに。また厚地のものを縫う際に使用。

ファスナー押さえ
ファスナーを縫いつける際に使う。

裁ち目かがり押さえ
布のほつれを防ぐための、裁ち目かがりをする際に。

シリコン押さえ
ビニールコーティング生地など、滑りにくい布を縫う際に使う。

Part.1 ソーイングの基本

ミシンについて

▼ 職業用ミシン

直線縫いに特化しており、ジグザグ縫いや刺繍縫いなどはできない。家庭用ミシンよりもパワーがあるので厚手の生地が縫えて、縫い目も安定している。価格は家庭用ミシンの高級機種と同程度。本格的にバッグ作りをしたい人は、検討してみるのもよい。

▶ ロックミシン

余分をカットしながら、布のふちをかがり縫いできる専用のミシン。1～2本の針に対して、2～4本の糸を使う。布のふちの始末がきれいにでき、まるで売り物のような仕上がりになる。編むような縫い目なので、ニットの縫製にも使われる。

◀ 工業用ミシン

品質が一定した製品を大量生産するために作られた工業用ミシンは、用途に合わせてさまざまなものがある。写真左の「平ミシン」は、素材をのせる作業台が広い、直線縫いに特化したミシン。写真下の「筒型ミシン」は「腕ミシン」とも呼ばれ、袋の角の部分など、縫いにくい箇所の縫製に適している。

■ ミシン選びのポイント

ミシンは、一般的に大きくて重たいもののほうがパワーがあるとされ、価格も重さと比例していることが多いようです。これから買うのであれば、フルサイズかスタンダードサイズのコンピューターミシンがおすすめ。1～2万円程度のコンパクトサイズのコンピューターミシンでも、帆布といった厚地のものを除けば、本書のようなバッグや洋服を縫うことはできます。しかし、自動糸調子機能がなかったり、縫い目の幅が決められなかったり、モーターが弱かったりして、物足りなくなってきます。フルサイズやスタンダードサイズのものはそうしたストレスがなく、モーターが強くて寿命も長いため、これからソーイングを楽しむにはぴったりです。

信頼できるお店で購入する

購入の際は実際に店頭で試し縫いをし、厚い生地も薄い生地もきちんと縫えるかどうかや、送りのスムーズさなどを確認してから、購入を検討するのがおすすめです。長く使っていくためには、アフターサービスが整っていることも大切です。壊れてしまったり、調子が悪くなってしまったときにすぐに対応ができるよう、そういった販売店で購入しましょう。

Check 1
ミシンのサイズ

ミシンには「フルサイズ」「スタンダードサイズ」「コンパクトサイズ」の3サイズがあります。フルサイズやスタンダードサイズは重さが7～10kg程度、コンパクトサイズは6kg程度までのミシンをいうことが多いようです。フルサイズは、総じてパワーがあって厚地にも強く、ヘッドのスペースが広いので作業のしやすさも良好。一方、コンパクトサイズは持ち運びやすくて収納もしやすいですが、厚地縫いにはパワー不足で不向きです。これからミシンを選ぶのであれば、フルサイズかスタンダードサイズのコンピューターミシンが望ましいでしょう。

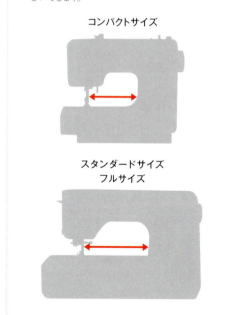

コンパクトサイズ

スタンダードサイズ
フルサイズ

高性能でパワーがあるミシンほど高価だが、初心者でも使い勝手がよいものが多く、ストレスなく裁縫を楽しめる。多少値は張っても、しっかりしたものを選びたい。

Part.1 ソーイングの基本
ミシンについて

Check 2
スピードコントロールと自動糸調子機能

ビギナーにとって、うれしい機能のひとつが、縫う速度を調整できるスピードコントロールです。縫い始めを低速にできる機能がついたものや、低速でもパワーが安定しているものを選びましょう。コンパクトミシンのなかには、低速ではパワーが出ないものもあるので注意しましょう。また、初心者の中には糸調子の取り方（p.20）を難しく感じる人もいるよう。自動糸調子機能がついたものを選ぶとよいでしょう。

スピードコントロールは、多くのコンピューターミシンに装備されている。

自動糸調子機能は、あると便利な機能。糸の調子を布に合わせて最適な状態にしてくれる。

Check 3
フットコントローラー

ミシンでの縫い方には、スタート・ストップボタンを指で押して行う方法と、フットコントローラーを足で踏んで行う方法があります。フットコントローラーがあると、両手が使えるので便利です。製品の中には、自動糸切り機能を備えたフットコントローラーもあります。

ジューキのHZL-F600 JP（p.14）のフットコントローラーは、自動糸切り機能も搭載。

Check 4
縫い目・縫い幅と送りの性能

布の種類によって縫い目の適正な間隔は変わるので、調整する機能がついているか確認しましょう。ジグザグ縫いにした際の糸の振り幅や、山と山との間隔を変えられるかもチェック。さらに、返し縫い機能がついていることもポイントです。また、厚地を縫ったり重ね縫いしたりしても、送りがスムーズであるか確認しましょう。

縫いやすさや送りの具合などは、実際に店頭で試し縫いして確認するのが安心。

Check 5
かまのタイプとボビン

ミシンのかまには水平釜と垂直釜があります。前者は家庭用ミシンの主流で、ボビンケースが内蔵されているためボビンがつけやすく、下糸の残量もひと目で分かります。後者はボビンケースにセットしてからミシンに装着しますが、上糸と下糸がしっかりと合わさるので、安定した縫い目になります。下糸を巻きつけるボビンは、ミシン糸を取り替える際にそのスペアが多くあるほど便利です。製品によってはボビンの形状が特殊なものもあるので、手に入りやすいボビンであるかもチェックしましょう。

水平釜。下糸の残り具合が一目瞭然。

垂直釜。本格的な洋裁をしたい人やプロ向け。

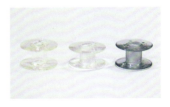

一般的な形状のボビンを使うミシンのほうが、スペアを多く準備できて便利。

ミシンの各部名称と働き

ミシンを正しく扱うためには、各パーツの働きや仕組みを覚えることも大切。
メーカーによって名称は異なりますが、部品の位置や働きはほとんど同じです。
※ここでは、ジューキの家庭用コンピューターミシン「HZL-F600 JP」で解説しています。

押さえ圧調節ダイヤル
押さえの圧力を変えられる。普通地ではダイヤルを「5」に設定。薄地や伸縮する布、キルティングなど、縫いずれしやすい場合は、数字を小さくして押さえ圧を弱くする。

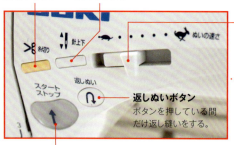

糸切りボタン

針上下ボタン

スピードコントロールつまみ
左右にスライドさせて、縫う速度を調節する。

返しぬいボタン
ボタンを押している間だけ返し縫いをする。

スタート・ストップボタン
縫う作業のスタートとストップを操作する。

左側

糸通しレバー
レバーを降ろすと糸通しが動き、自動的に針の穴に糸が通る。

ボタン穴かがり用センサーピン穴

側面糸切り

補助ヘッド（付属品ケース）
ボビンやドライバーなどを収納できる。袋物や筒物を縫う場合は取り外す。下写真のようにワイドテーブルに付け替えることもできる。

糸通し

針とめネジ

針

押さえホルダー

押さえ

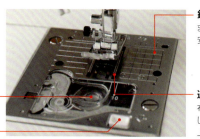

針板
まっすぐに縫い進めるための目安線が引いてある。

かま
下糸を巻いたボビンをセットする部分。

かまカバー開閉ボタン

送り歯
布を送る部分。針が下りると連動して下がり、針が上がると一緒に上がって布を送り出す。

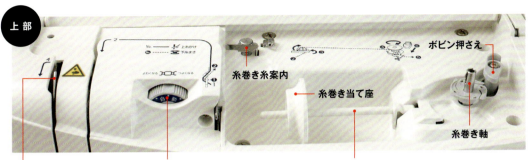

上部

糸巻き糸案内

ボビン押さえ

糸巻き当て座

糸巻き軸

天秤
上糸を引き上げる働きをするパーツ。

糸調子調節ダイヤル
上糸の糸調子を調節する。数字が大きいほうに回すと強く、小さいほうに回すと弱くなる。

糸立棒
糸立棒は糸ゴマをセットする部分。糸立棒に糸ゴマを通したら、さらに糸巻き当て座を通してセットする。

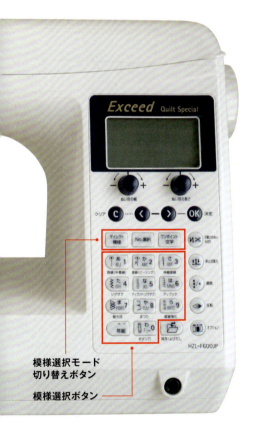

ぬい目の長さ調整ダイヤル
ダイヤルを回して、縫い目の幅（針の振れ幅）と縫い目の長さ（間隔）を調整できる。マイナス方向に回すと、幅や間隔が短くなる。数値は液晶ディスプレイにミリ単位で表示される。

ぬい目の幅調整ダイヤル

右側

はずみ車（プーリー）
手で回すと、針が上下動する。縫い目を1針ずつ進める際に。

電源スイッチ

フットコントローラープラグ差し込み口

足元

フットコントローラー
自動車のアクセルのように踏むことで、縫う作業をスタート・ストップする。踏み込み具合で、スピード調節ができる。

模様選択モード切り替えボタン

模様選択ボタン

前側下部

膝上げレバー
膝でレバーを動かし、押さえを上げたり下げたりする。手を使わずに作業ができて便利。

後ろ側

押さえ上げレバー
押さえを上げたり下げたりするためのレバー。

下糸と上糸の準備 >>

ミシンは下糸と上糸の2本の糸を、布の中で交差させながら縫い進めます。下糸はボビンに巻きつけてからかまにセットし、上糸は天秤にかけて針の穴に通します。正しくセットできないと、縫っている最中に絡まったりするので気をつけましょう。
※ここではジューキの家庭用コンピューターミシン「HZL-F600 JP」を例に解説していますが、上糸のかけ方や下糸の取りつけ方は製品によって異なるので、必ず取扱説明書を読んで下さい。各パーツの名称は、p.14～15に準じています。

■ボビンに下糸を巻く

01 糸立ち棒に糸ごまをセットし、糸巻き当て座をさし込んで浮き上がらないようにする。

02 左側にある糸案内と糸巻き糸案内に糸を通す。

03 ボビンを糸巻き軸にさし込む。ここで取り上げているミシンは、糸巻き軸の下にカッター付きのボビン受け座を装備しているが、ない場合はp.17「ボビン受け座がないミシンは…」のように作業する。

04 ボビンに糸を時計回りに2～3回巻きつけ、糸の端をボビン受け座のガイドにひっかける。ボビン受け座のガイドにはカッターがついているので、糸の端を右方向に引っ張って切る。

05 ボビン押さえは、ボビンを回転させるスイッチも兼ねている。ボビン押さえを指で押してボビンのほうに動かす。

06 巻き終わると自動的に止まり、ボビン押さえが元の位置に戻る。

07 ボビンを糸巻き軸から外して、糸をカットする。

08 巻き始めのほうの糸の端がボビンから飛び出している場合は、絡まりなどの原因になるのでハサミでカットしておく。

Part.1 ソーイングの基本

ミシンについて

ボビン受け座が
ないミシンは…

ボビン受け座のないミシンも多く、そうしたミシンでの下糸の巻き方。p.16の02まで同様に作業する。次に糸の端をボビン側面の穴に内側から通し、糸の端を指でつまみながらほどけないように4～5周巻いたら、糸巻き軸にセットする。あとの要領はp.16の05～08と同様。

■ 下糸をセットする（水平釜の場合）

01 ボビンから出る糸の方向を写真と同じくして、ボビンをかまに入れる。向きが違うと絡まりの原因になるので注意。

02 糸の端を引きながら、手前の溝（①）に通す。以降、ボビンを指で押さえながら作業すると、糸をかけやすくなる。

03 カーブになったガイド部分に糸を通す。

04 ②に糸をかけ、その下のカーブになったガイド部分に糸を通す。

05 ガイド部分の終わりで糸をカットし、かまカバーを閉じる。ここで使用しているジューキ「HZL-F600 JP」は、ガイド部分の終わりにカッターが内蔵されているので、それで切り落としてもよい。

■ 上糸のかけ方

糸立て棒に糸ごまをセットし、糸巻き当て座をさし込んで浮き上がらないようにする。押さえ上げレバーは上げ、ミシン針も上げておく。

糸案内に糸をかけ、ミシンに記されている矢印に従って糸を通していく。

天秤に糸をかけ、針の方向に下ろしていく。

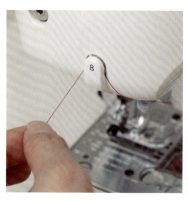

針のつけ根側にある金具（6と記された部分）に、右から糸を通す。さらに自動糸通しのパーツに挟むように通す。

側面についている糸切りで、糸の端をカットする。ハサミで切ってもOK。

糸通しレバーをゆっくりと下げる。自動糸通しのパーツが針のほうに動き、針の穴の中に糸が通る。

Part.1 ソーイングの基本

ミシンについて

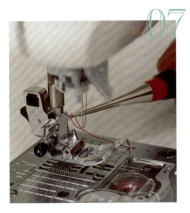

07

出来た糸の輪を、目打ちなどで後ろにひっぱる。

08

糸の端をつまみながら、はずみ車を手前にまわして、針を上下させる。

09

下糸が引き出される。

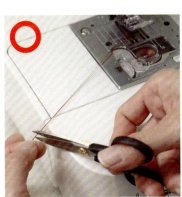

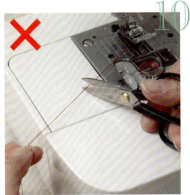

10

上糸と下糸を一緒につまんで、約10cmほど引き出し（ミシンの補助ヘッドの左端くらいまで引き出す）、端をハサミで切って上糸と下糸の長さをそろえる。右写真のように短く切ると、針を上下させた際に上糸が針穴から抜けたりすることがあるので注意。

針のつけ方と交換

針の脱着は、はずみ車を回して針を最上部まで上げて行います。ミシン用の針には向きがあるので、取りつける際は気をつけましょう。また、曲がった針を使うと故障の原因になるので、まっすぐかどうか確認することも大切。古くなって針先が甘い針も交換します。ミシン音が普段と違うように感じたら、針が古くなっていることを疑いましょう。

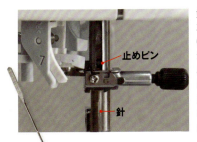

止めピン
針

針の脱着は電源を切り、はずみ車を回して針を最上部まで上げ、針とめネジを回して行う。ミシンの針は、根元に平らな面がある。装着の際は、平らな面を向こう側にして、針を止めピンに当たるまでさし込み、針とめネジをきつく締める。さし込みや締め方が甘いと脱落するので注意。

針が曲がっていないかの調べ方。平らな板の上に針の平らな面を下にして置く。真横から見て、針先までの隙間が均等にあいていればOK。

糸調子と縫い目の長さ

>> 上糸と下糸をミシンにセットしたら、縫い始める前に、まず試し縫いをします。上糸と下糸の強さのバランスを見て、必要に応じて糸調子を調節します。糸調子は縫い目の美しさや強度に影響するので、きちんと調整しましょう。

■ 試し縫いで糸調子を確認する

ミシンの準備が整ったら、実際の製作に使う布で試し縫いをして糸調子を確認しましょう。糸調子とは、上糸と下糸のバランスのこと。ミシンは上糸と下糸が布の中で交差しながら縫い進むため、どちらか一方のひっぱり具合が強すぎると、ステッチが汚くなってしまったり、糸がほどけてしまったり、縫い合わせた部分の強度が弱くなったりしてしまいます。

糸調子はミシン、糸、布地の性質や厚さ、布地の重なり具合など、多くの要素に左右されます。そのため、試し縫いをする際は、実際に使う布と糸を用い、重ねる枚数も同じにして行いましょう。「自動糸調子機能」があるミシンは、自動モードで縫って様子をみますが、バランスが悪ければ専用ダイヤルで調整します。

試し縫いは、本番と同じ条件で行う。

糸調子調節ダイヤル。右（目盛の数が大きくなるほう）に回すと上糸の調子が強くなり、左（数が小さくなるほう）に回すと上糸の調子が弱くなる。

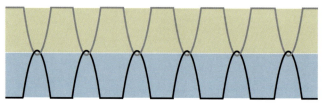

生地の中で、上糸と下糸が適切に絡み合っている状態をあらわしたもの。大体の目安として、布地の針穴から反対の糸が見えなければ正しい糸調子といえる。

糸調子が悪いと、糸の締りも悪くなってしまうため、このように簡単に糸がほどけてしまうことも。

| Part.1　ソーイングの基本
ミシンについて

正しい糸調子
正しい糸調子で縫った布地を、表と裏からみた様子。どちらからも、反対側の糸が見えていないことがわかる。

上糸の調子が強すぎる
下糸（黒い糸）が持ち上げられ、上糸側に飛び出している。上糸の調子を弱くなるように調節する。

上糸の調子が弱すぎる
上糸（赤い糸）が下糸側にひっぱられている。上糸の調子を強くなるように調節する。

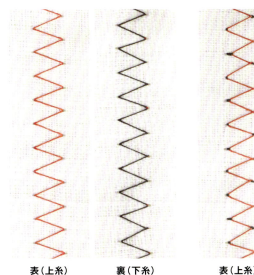
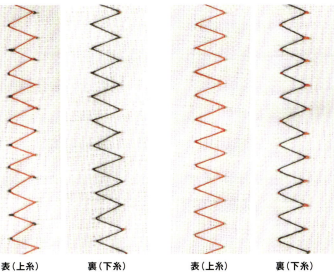

表（上糸）　裏（下糸）　表（上糸）　裏（下糸）　表（上糸）　裏（下糸）

■ 縫い目の長さを調整する

糸調子と併わせて、縫い目の長さも調整しましょう。縫い目の長さとは、針が上下する間隔（一目の長さ）で、一部のミシンを除き、調整することが可能です。縫い目の適正な長さは、生地の厚さによって変わり、短すぎると生地が縮み、長すぎると伸びたり曲線に対応するのが難しくなってきたりします。バランスをみて調整しましょう。本書では、縫い目の長さを主に2.4mmにして縫っています。

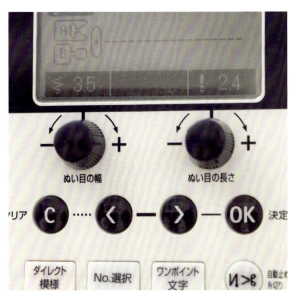

縫い目の長さは、専用ダイヤルで調整。プラスに回すと縫い目の幅が長く、マイナスに回すと短くなる。

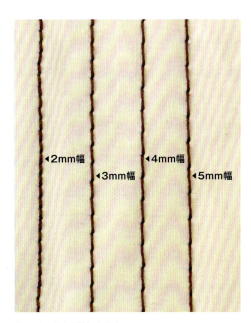

縫い目の長さを比較したもの。

ミシン針とミシン糸

ミシンをかけるためには、当然のことながらミシン針とミシン糸は欠かせない道具です。縫う布の種類によって、適した針や糸の太さは異なります。正しく使い分けられるようになりましょう。

■ 適したサイズのものを用意する

ミシン針とミシン糸は、縫う素材によって適したサイズのものを選びます。布に対して針と糸が合っていないと、目とびしたり糸が切れたりしてしまいます。

針には番手という太さの基準があります。11番手、14番手のように表し、数字が大きいほど太くなります。糸も同様に、30番手、60番手、90番手のように番手で太さを表しますが、針とは逆に数字が大きくなると細くなります。

薄地、普通地、厚地の布の厚さと、それらに適した針と糸の太さの組み合わせは右表の通り。上手に使い分けましょう。これは手縫い針と手縫い糸を選ぶときも同様です。

ミシン針の種類

通常よく使われる針は剣先の丸い「丸針」(写真左)と呼ばれる種類だが、ニットやデニム&ジーンズ専用のものや、革専用の「菱針」(写真右)と呼ばれるものがある。素材の種類によって使い分けるとよい。

ミシン糸の種類

もっともオーソドックスなのは、シャッペと呼ばれるポリエステル製のもの。美しくて強度があり、縫いやすい。このほかに、シルクなどの繊細な布に向いた絹糸や、伸縮性のある布に適したナイロン素材のニット用、ロックミシン用がある。シャッペを中心に、素材によって使い分ける。

■ 糸の色の選び方

糸の色は縫い目が目立たないように、素材の布と同じ色味にそろえるのが基本的な考え方です。糸ごまから糸を引き出すと、巻いてある状態よりも色が薄く見えるので、少しだけ濃い色を選ぶとよいでしょう。また、あえて違う色の糸でステッチをかけて、ワンポイントとして見せるのも効果的です。

布の厚さと適した針&糸のサイズ

薄地 (ガーゼやハンカチ程度の厚さ)	
糸	90番
針	9号
主な素材	サテン、オーガンジー、ガーゼ、ボイル、ローンなど

普通地 (ワイシャツ程度の厚さ)	
糸	60番
針	11号
主な素材	ブロード、ギンガム、リネン、シーチング、ツイルなど

厚地 (ジーンズ程度の厚さ)	
糸	30番 or 60番
針	14号 or 16号
主な素材	帆布、キルティング、ビニールコーティング生地、厚手の木綿、など

その他適した針&糸の太さ

伸縮素材 (ニット、フリース、綿ジャージ、スウェット)		
薄地	糸	ニット用50番
	針	ニット用9号
普通地	糸	ニット用50番
	針	ニット用11号
厚地	糸	ニット用50番
	針	ニット用14号

絹素材、サテン、デジンなど		
薄地	糸	絹ミシン糸50番 or シャッペ60番
	針	9号
普通地・厚地	糸	絹ミシン糸50番 or シャッペ60番
	針	11号

ロックミシン		
	糸	ロック用90番
	針	ロック用9号または11号、14号

Part.1 ソーイングの基本

ソーイングの道具

ソーイングの道具

バッグ製作に使う道具をまとめています(ミシン、ミシン針、ミシン糸、ボビンは除く)。これらのアイテムは、手芸材料店で購入することができます。使い勝手のよいものを揃えれば、作品の完成度もより高いものになるでしょう。

手縫い針
バッグの返し口を縫う際などに使う。太さの使い分けは、ミシン針と同様。p.22参照。

手縫い糸
針や布に合わせて選ぶ。選び方の目安は、ミシン糸と同様。p.22参照。

スレダー
針の穴に簡単に糸を通せる糸通し器。

指ぬき
手縫いするときに指を保護するもの。利き手中指の第一関節と第二関節あたりにはめる。指ぬきの溝に針の根元をあて、押し出すようにして縫う。

目打ち
布に穴をあけて印をつけたり、ミシン縫いで生地を送ったり、袋物の角出しをしたりする際に使用。先端がカーブしたものもあり、縫い目をほどくのにも便利。

まち針
縫い合わせる生地同士を仮留めしておくための針。縫い線に対して垂直方向に刺す。

ピンクッション
針を刺して置いておくためのもの。磁力で針をとめるマグネット式のものもある。

クリップ
まち針では対応しにくい、厚い生地を仮留めするために使用。

しつけ糸
布同士がずれないように、仮留めとして縫うための糸。まち針では対応できないときに使う。

糸切りはさみ
糸を切る作業や、細かい切り込みを入れる際に便利。

裁ちばさみ
洋裁用の布を切るためのはさみ。布や糸以外のものを切ると切れ味が悪くなるので注意。

ミシン油
はさみ、ミシンの潤滑油、サビ止めとして使用する。

カッター
革や帆布、接着芯を貼った厚い生地の裁断に便利。

ロータリーカッター
回転する丸い刃がついたカッター。長い直線や曲線をカットするのに向く。

リッパー
はさみで切りにくい、縫い目の糸を切るためのもの。玉がついていないほうの先端をさし込んで切る。ボタンホールの穴あけにも活躍。

アイロン
仕上げや地直しの際に使用。重たいもののほうが、きれいにシワを伸ばしやすい。

霧吹き
アイロンと同じく地直しのときなどに使用。細かい霧を出せるものがよい。

Part.1 ソーイングの基本
ソーイングの道具

バイアステープメーカー
バイアステープ作りを手軽にするアイテム。広くなったほうの口から布を通して、アイロンをかけながら引くと簡単にバイアステープができる。p.30参照。

ハトロン紙
型紙をトレースするときに使う。5cm方眼が印刷された製図用紙も同様に使える。

ウエイト
布と型紙がずれないように押さえる際などに使う重石。写真のようなカーブのついた製品だと、曲線を引く時にも使える。

チャコペン
布地に印を写すためのもの。従来の鉛筆タイプ（写真左）のほか、シャープペンシルタイプ（右から2番目）や、マーカータイプ（1番右）もある。マーカータイプは水で消える製品や時間経過で自然に消える製品がある。

銀ペン
革に型紙の線や印を写すときに使う、革用のチャコペン。

メジャー
採寸したりカーブの線を測ったり、持ち手の長さを決めたりする際に使う。

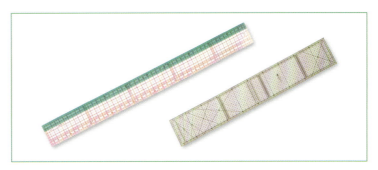

方眼定規
線を引くときや、長さを測ったりするときに。方眼が入ったものが、直角や縫い代の幅を測りやすくてよい。右写真の方眼定規は、角度を測るための斜線が入っていて便利。

ソーイング用語集

ソーイングには様々な用語があります。
基本的なものを解説します。

合印・・・パーツを正しい位置で組み合わせる、折り曲げる、貼り付けるといった作業の目印。チャコペンで印を付けたり、布端に三角の切り込みを入れる。

荒裁ち・・・型紙通りではなく、周囲に10mm程度の余裕を持たせてパーツを切り出すこと。

内袋・・・胴やマチ、底を組み合わせて作った内側の本体。内ポケットなどが取り付けられる（参照：表袋）。

裏打ち・・・薄手の生地を使う際、裏側に芯材や裏地を貼り付けて張りや強度を持たせること。

押さえ（押さえ金）・・・ミシンで生地を縫う際に、生地を押さえている金具。縫う対象によって素材や形状を使い分ける。

表袋・・・胴やマチ、底を組み合わせて作った表側の本体。持ち手などが取り付けられる（参照：内袋）。

折り代・・・生地の端を折り返す（ヘリ返す）ために設ける幅。折り目ができ上がり線になる。

返し縫い・・・縫い止まりまで針を進めてから、逆方向に縫って縫い目を重ね補強すること。

片倒し・・・二枚の生地を縫い合わせてできた縫い代を、どちらか片方に倒すこと。

柄合わせ・・・生地の柄を考慮してパーツの配置を決めること。ストライプや文字など、方向のある柄では必須の作業。

ギャザー・・・縫い縮めるなどして、生地の一端に作り出す、細かくふんわりとしたひだ。

口布・・・ポケットや袋の口に縫い合わせる布。

地の目線・・・生地の耳と平行の、たて地を示す線。パーツの型紙に記されている場合は、これを生地のたて地と揃える。

芯地・・・芯として利用される生地。

ステッチ・・・パーツの表側から見えている縫い目。

外表・・・2枚のパーツを重ね合わせる（縫い合わせる）とき、表面を外側に向けること（参照：中表）。

ダーツ・・・パーツをつまんだ状態で縫い合わせた部分。シェイプをコントロールし、立体的なシルエットにする。

裁ち方図・・・生地の布目やロスを考慮した、パーツの効率のよい配置を示す図。

裁ち端・・・裁断した布の切り口。

タック・・・パーツを折りたたんだ状態で縫い合わせた部分。立体的な構造にすると共に、装飾性、可動性を向上させる効果がある。

たて地・・・生地の布目を考えたとき、たて糸（耳）と同じ方向のこと。よこ地に比べ、伸びに強い性質がある（参照：よこ地）。

タブ・・・衣類やバッグにつける布飾り。

でき上がり線・・・実際の完成品の寸法となる線。パーツは、縫い代、裁ち代、折り代などを考慮して大きめに設計され、実際の寸法と異なる。

共布・・・同じ種類の布のこと。

中表・・・2枚のパーツを重ね合わせる（縫い合わせる）とき、表面を内側に向けること（参照：外表）。

縫い代・・・生地の端（裁ち目）から縫い目（でき上がり線）までの幅。端を縫い合わせるわけにはいかないため、縫い合わせるパーツには必ず縫い代が設けられる。

縫い代を割る・・・縫い合わせた二枚の生地の、縫い代部分を平らに開くこと。

縫い止まり・・・縫い目の端。または縫い目の端となる位置。返し縫いの場合も、折り返した端のことを示す。

布幅・・・生地の切り出す前の幅のこと。耳から耳までの距離に等しい。

布目・・・生地のたて糸とよこ糸が織りなす柄、模様。織り目。たて地方向に伸びにくく、よこ地方向に伸びやすい性質を持つ。

ノッチ・・・縫い代にハサミで切り込みを入れてつける目印。

はぎ合わせる・・・複数の布地を一枚に縫い合わせること。

マチ・・・胴の両脇、あるいは両脇から底にかけて取り付け、バッグに幅や厚みを持たせるパーツ。

持ち手・・・本体に取り付けるひも状のパーツ。バッグを手で持って支える部位。

用尺・・・衣類やバッグなどを作るのに、必要になる布の長さ。

よこ地・・・生地の布目を考えたとき、よこ糸と同じ方向のこと。たて地に比べ、伸びに弱い性質がある（参照：たて地）。

わ・・・二つ折りにした布の折り山の部分。型紙に「わ」と記されている場合は、「わ」の辺と折り山の辺をそろえて裁つ。

Part.2
布とその他の素材

布地について

バッグを作る上で必要な、布に関する基礎知識を解説します。布地の性質やバイアステープの作り方、地直しの方法などを知ることによって、より美しい仕上がりを目指しましょう。

布目について

布地に関する基本的な名称と性質を解説します。ひと口に布といっても様々な特徴があり、正しい扱い方を知ることが大切です。

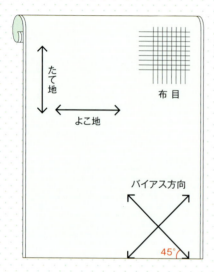

◀ 布目とは
たて糸とよこ糸からなる、布の織り目のこと。裁断したパーツに対して布目が直角に整っていると、綺麗な仕上がりになる。布目を整えることを、「布目を通す」「布目を正す」等と呼ぶ。

◀ たて地（経糸）
布地のたて糸の方向。比較的伸びにくいため、たて地を意識してパーツを裁断すると、型崩れを防ぐことができる。型紙に矢印が記載されている場合は、矢印と布のたて地を合わせること。

◀ よこ地（緯糸）
布地のよこ糸の方向。たて地と比べて伸びやすい。

◀ バイアス方向
たて地に対して、45度の方向のことを「正バイアス」と呼ぶ。最もよく伸びる。布を正バイアスで細く切ったものを、バイアステープという。

布幅について
耳から耳までの長さ。よこ地の幅と同じ。布幅には様々な長さがあり、110～120cmの普通幅のものが最も一般的。

シングル幅（90～92cm）
シルク、ブロード、レース素材など

普通幅（110～120cm）
綿、麻、化学繊維など

ダブル幅（145～155cm）※
ウール、混紡など

セミダブル幅（135～140cm）※
ウール、混紡など

※半分に折った状態で芯に巻かれている。

◀ 耳
布の両端の部分。布本体とは色が違ったり、メーカー名が印字されていたりする。メーカー名がきちんと読める面が表となる。耳と平行なのがたて地、直角になるのがよこ地。

Part.2 布とその他の素材

布地について

バイアステープについて

>> 布を正バイアス方向に細長く切って作ります。よく伸びるため布と馴染みやすく、端の始末に使用すると綺麗に仕上げられます。既に折り目の付けられたものも市販されているため、そちらを購入しても良いでしょう。

■ バイアステープを作る

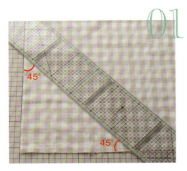

01

布の正バイアス方向に沿って定規をあてる。

ロータリーカッターを使ってバイアス方向に切る。（またはチャコペンなどで線を引いてはさみで切る。）

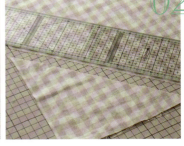

02

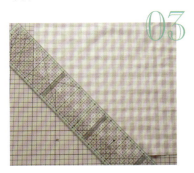

03

必要な幅に合わせて切り出す。今回は布幅4cmのテープを作る。

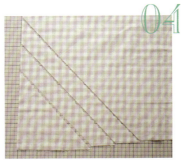

04

バイアステープが2本できた。

■ バイアステープのつなげ方

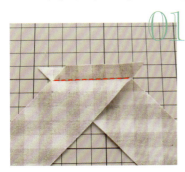

01

布を中表に重ねて、ミシンで縫い合わせる。柄のある布は、柄合わせをすると良い。

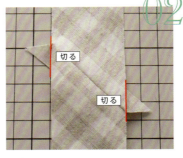

02

両側から飛び出した三角形の部分は切り落とす。

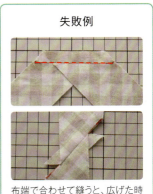

失敗例

布端で合わせて縫うと、広げた時にずれが生じてしまう。

■ バイアステープメーカーで折り目を付ける

バイアステープメーカーは、テープを通すことで両端に折り目を付けてくれる道具。ここでは仕上がり幅が20〜22mmのものを使用し、幅4〜4.5cmのバイアステープを用意しました。

バイアステープメーカーの後ろ側からバイアスに切った布を入れ、先端から引き出しながらアイロンで折り目を付ける。

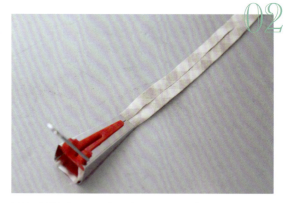

折り目を崩さないように気を付けながら少しずつ引き出していく。布を最後まで引き出して、アイロンで整えたら完成。

■ アイロンで折り目を付ける

表面を外側にしてバイアステープを半分に折る。

アイロンをかけて折り目を付ける。

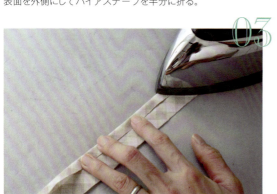

一度開き、一方の端を中心の線に合わせて折ってアイロンをかける。

もう一方も同様にして中心に合わせて折り、アイロンをかけたら完成。

Part.2 布とその他の素材

水通しと地直しについて

たて糸とよこ糸が直角に交わり、折り目がまっすぐになっているのが布の正しい状態です。しかし、生産から販売までの様々な要因によって、布目が歪んでしまうことがあります。布目を整えずに使用するとバッグの型崩れを招いてしまうため、水通しや地直しによって歪みを解消することが重要になります。

■ 水通しをする

素材によって水通しの必要性は変わります。麻（リネン）などの天然素材を含む布の場合、水通しは必須。綿などは、心配な場合のみ水通しをすると良いでしょう。

01 たらいに水を張り、畳んだ布を水に浸す。くしゃくしゃのまま浸けてしまうとシワになるので、屏風畳みにすると干しやすくて良い。

02 手で軽く押して、完全に浸すようにする。

03 水に浸けたまま数時間〜半日ほど置く。

04 水からそっと引き上げる。

シワがつかないよう両手で挟むようにして水を切る。ある程度水を切ったら布を広げて、陰干しする。触って確認し、7割方乾いたら取り込んで地直しをする。

05

基本的に水通しは一種類ずつ行う。複数の布を同じたらいに浸けてしまうと、色落ちした場合に色移りしてしまう可能性がある。

色落ちについて

色の濃い布や、染色された布を水通しする時は注意が必要。色落ちしていることが分かったら、すぐに水を換えること。その場合は布を押さえて水をそっと捨て、新しい水を入れる。そのままにしておくと、落ちた染料が布に戻ってムラになってしまうことがある。また新しい水に換えると、色落ちし続けているかどうか判断できる。

縮みについて

10cm四方に切った布を2枚用意し、右側の布のみ水通しをした。縦の長さにはさほど変わりはないが、横幅は5mmほど縮んでいるのが分かる。布によって縮み具合はさまざまだが、よこ地方向に5%ほど縮む場合が多い。

■ 地直しをする

地直しは、基本的にすべての布に対して行います。特にチェック柄の布や市松模様、ストライプ柄の布は歪みが顕著なので、しっかりと直しましょう。

平らな台の上に布を広げる。基本的に布を濡らす必要はないが、折りシワがついている時は、霧吹きなどで布を湿らせると良い。

まずたて地の方向に沿って、アイロンをかける。端から始め、縦方向にのみアイロンをかけて全面を伸ばす。

よこ地の方向に沿って全面に、端からアイロンをかける。

布目の様子を見ながら全体を整えるようにアイロンをかける。プレスしながらゆっくりと動かすようにすると綺麗に仕上がる。

マス目のある布の場合

チェックや市松模様など、マス目状の柄のある布は、歪みが目立ちやすい。こういった種類の布の場合は、手で柄を伸ばしてある程度整えてからアイロンをかける。地直しをし終わったら、方眼マットの上に布を広げて整ったかどうか確認するのがベター。

Part.2　布とその他の素材

布地について

知っていましたか？
ファーの切り方

バッグの完成度をより高めてくれる素材の一つにファーがあります。ファーならではのふんわりした素材をムダにしない切り方をお教えします。折角使うのですから、出来る限り上手に使いたいですよね。

ファーを切る時は、まず左写真ように裏返しにする。ハサミの先端を裏地とファーの間に入れ、裏地をすくい上げるようにしながら切り進める。ファーを切らず、裏地のみを切ることが大切。

表側からハサミを入れると、ファーの毛足を切ってしまって見栄えの悪い断面が出来上がる。

接着芯について　≫

接着芯とは、布の片面あるいは両面に接着剤が塗布されたもののこと。アイロンの熱で接着剤が溶けて布に貼りつき、補強したり縫いやすくしたりできます。アイロンの要らないシールタイプのものも販売されています。

■ 接着芯の種類

接着芯には様々な種類のものがありますが、本書のバッグ作りで使用するのは主に不織布タイプとキルトタイプ。厚みは商品によって様々なので、表地の風合いや理想の仕上がりに合わせて選ぶと良いでしょう。薄い生地には中手のものを合わせてしっかりとさせ、よりパリッとした仕上がりにしたい場合は厚手のものを合わせます。薄い生地感を活かしたい時は、薄手の接着芯を貼りましょう。また、布の厚みが足りない時は、薄手の接着芯を合わせて厚みをプラス。形が綺麗に決まらないと感じた時は、中手を合わせてみましょう。どういう仕上がりを目指すかによって、使う接着芯も変わります。「こんな仕上がりにしたい！」というビジョンを持つことが何よりも大切です。

クラフト芯などは非常に強い張りがある。

織り布タイプ	平織りや綾織りで作られている接着芯。普通の布と同様布目があるため、表地の布目と同じ方向に合わせて使う。
編み地タイプ	編んで作られているため、伸縮性がある。表地とよく馴染み、やわらかな風合いが特徴。
不織布タイプ	繊維を絡ませて作られた素材。軽くてしわになりにくいのが特徴。布目がないため、縦横を気にせず使うことができる。
キルトタイプ	厚みがあり、張りを持たせることができる。ふわふわとした仕上がりにしたい時に。
クラフト芯	強い張りがあり、バッグ底などに最適。

■ アイロンで接着芯を貼る

接着芯には様々な方法で接着剤が塗布されています。写真は接着剤をドット状に塗布したタイプ。他にも蜘蛛の巣のように網状に接着剤を塗布したものや、ランダムに塗布したものなどがあります。手で触ってみて、ざらっとすればそちらがのり面。
使用する際は商品の注意書きに従い、アイロンの温度を設定しましょう。(多くの接着芯は中温設定。)ナイロン系の布は高温になると溶けてしまうので要注意です。

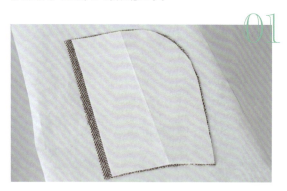

生地に合わせて接着芯を切る。(この場合は厚地に貼り合わせるので、縫い代を除く。)接着面を表地の裏面に合わせて置く。

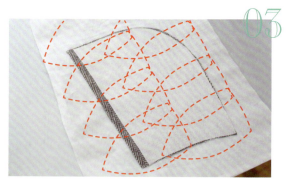

アイロンで接着する。1か所につき数秒、滑らせずにしっかりと押し当てる。体重をかけ、接着剤を表地にしっかりと食い込ませる。

少しずつ横にずらしながら、まんべんなくアイロンの熱が加わるように接着する。接着芯が冷めるまで、平らなところに置いておく。

 コツ

- 表地→接着芯→アイロンの順に重ねる。接着剤が染み出し、アイロンに付着してしまうことがあるため、あて布をするとよい。
- 布の種類、接着芯の種類によって、熱を加えた時の反応は様々。布が縮んでしまうことも、逆に接着芯が縮んでしまうこともある。出来る限り試し貼りをすること。
- 厚い生地に接着芯を合わせると、生地の厚みが増して縫いづらくなる。この場合は、接着芯は縫い代を除いた形に切って、アイロンで貼り合わせる。
- 素材の違う生地同士をはぎ合わせる場合は、それぞれに接着芯を貼ってから縫い合わせるとよい。生地によって縮み方が違う場合も多く、はぎ合わせてから貼ると失敗の原因になる。この場合の接着芯は、はぎ合わせの縫い代部分を除いた形に切る。

便利な素材集

手芸店や洋裁店には、布地などの素材がたくさん並んでいます。ここでは、おもな布地をはじめ、レースや革といったバッグ作りに使われる素材について解説しています。それぞれの特徴を知って、上手に選びましょう。

布地の種類

■ 綿（コットン）素材

綿ローン
少し張りのある薄地で、高級感がある。ローンはもともと麻の平織りの生地で、それに風合いを似せたもの。

綿ブロード
やや薄手でやわらかい。横方向に畝（幾重にも平行に盛り上がった部分）が走っている。

チノクロス
2本以上の糸を使って平織りをしており、丈夫。折り目が細かく、少し張りがある。

オックスフォード
ドレスシャツなどによく使われる。通気性があって手触りがよく、しわができにくい。

ガーゼ
目を粗く織ったやわらかい布。肌触りがよく、吸水性がある。子供服や夏服などでも定番。

ダブルガーゼ
二枚重ねにして織られたガーゼ。ソフトで、やわらかい風合いがある。吸水性も高い。

タオル地
たて糸の一部がループ状になっている布。保湿や吸水性があり、保温性も高い。

ワッフル
表面に蜂の巣を思わせるでこぼこがある。蜂巣織りとも呼ばれる。軽くて、吸水性がある。

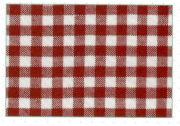

ギンガム
白糸と染色した糸を使って、チェックに織った薄地の布。

Part.2 布とその他の素材

便利な素材集

◀帆布は、カラーバリエーションが豊富。

帆布（黄8号・紫11号）
太糸を使って、丈夫に織られた厚手の生地。1～11号までの規格があり、号数が小さいほど厚くなる。

起毛ネル
ウールのフランネルに似せた生地で、表面が起毛し、やわらかい風合いがある。

サッカー
表面のポコポコとした凹凸で縞模様をあらわしている。さらっとした涼しい風合いで、夏向きの素材。

デニム
たて糸は染色糸、よこ糸は漂白糸を使って綾織りにした、厚手で丈夫な生地。

ソフトデニム
デニムよりも糸のより方がやわらかく、ソフトな肌触りにしたもの。

かつらぎ
デニムに似た風合いの布。糸を染色してから織るデニムに対し、織ったあとに染めることが多い。

ダンガリー
たて糸に漂白した白糸を、よこ糸に染色した色糸を使った生地。ワークシャツやスカートなどに。

コーデュロイ
あたたかい風合いがあり、秋冬に向く素材。縦方向に畝（幾重にも平行に盛り上がった部分）が走り、毛並みがある。

スウェット
裏面がパイル状になっており、あたたかい。トレーナーなどに使われる。

37

■ 麻（リネン）、ウール素材

麻キャンバス
通気性がよく、ややかためで清涼感のある生地。バッグやエプロンなどに使われる。

麻ボイル
独特の風合いがある生地。黄麻が原料に使われている。バッグやマットなどに向く。

ジュード
織り目がざっくりとしており、夏向けのバッグにおすすめ。インテリア雑貨にもよい。黄麻が原料。

ツイード
太く短い羊毛を使った平織り、または綾織りの生地。ざっくりとした素朴な風合い。

フラノ
手触りがやわらかく、やや厚手で弾力があり、少し羽毛がある。スーツやコートなどにも使われる。

ウール
羊の毛を原料にした生地。あたたかくて保湿性があり、シワもつきにくい。冬向けのバッグ作りに。

◀カラーリネン。帆布と同様に色とりどりのものが揃う。

◼ 化学繊維

ポリエステル
化学繊維の中でもよく使われる素材。張りがあり、しわになりにくい。とても強度がある。

サテン
なめらかな光沢のある生地。洋服の裏地やブライダルにも使用される。

エナメル
布地、レザー、ビニールの表面に合成樹脂を塗り、光沢を出した生地。

ちりめん
表面が細かく凸凹した、風呂敷などでおなじみの生地。シルクのものもある。

オーガンジー
透けるように薄くて軽い生地。ドレスやパニエなどにも使われる。

チュール
六角形の網目構造をした素材。ドレスやペチコートなどによく使われる。バッグの飾りにも向く。

フリース
軽さと温かさにすぐれており、ポリエステルなどを原料に作られている。トレーナーなどでおなじみの素材。

ビニールコーティング生地（ラミネート）
生地の表面に薄いフィルムを施したもの。ビニコやラミネート生地とも呼ばれる。水や汚れに強いため、ピクニック用のバッグなどに適する。ツヤ有りとツヤ無しのものがある。写真右は、オックスフォードにラミネート加工した、オックスラミネート。

■ ニット地

ダンボールニット
断面がダンボールのそれと似ている。ソフトな手触りで、強度もある。ニット地のなかでは、伸縮性は低め。

スパンフライス
袖口や襟に使われることが多い、伸縮性の高い薄手の生地。

キルトニット
間に綿を挟んでおり、厚手でしっかりとしている。コートやブルゾン、トレーナーなどにも使われる。

アラン風ニット
アラン模様のようになっている伸縮性のある生地で、近年人気。秋冬物に向いた風合い。

ジャガードニット
織りで模様を表現したソフトな普通地。レギンスなどにも使われる。

スムースニット
すべすべした手触り。表と裏が同じように見える、両面編みのニット地。

天竺ニット
薄地の代表的な編み地。表と裏の編み目が異なり、はっきりしている。

リブ
表目と裏目を交互に配列したゴム編みで、畝が入っている。

ジャージ
メリヤス編みで編まれた生地。伸縮性がある。

Part.2 布とその他の素材

便利な素材集

■ その他

サークルレース
サークル模様に刺繍がほどこされた大人っぽい雰囲気の生地。綿や綿麻素材のものなどがある。

ワッシャー
洗ってできたような自然なシワの加工がほどこされたもの。独特の風合いを生かした作品作りに。綿や綿麻素材のものがある。

綿麻キャンバス
綿と麻から作られているキャンバス地。かたくてしっかりとしており、バッグ作りに適する。

バッグクロス
帆布よりもはりがあり、縫いやすさも良好。トートバッグをはじめとするバッグ作りに使える。

シルクオーガンジー
織り目が透けている生地。薄手で、ややかたい肌触り。

ベロア
革のスウェードの感触を再現した生地。

ファー（ボア）
毛皮に似せて編まれた生地。毛羽があり、ふわふわしている。秋冬のバッグ作りに。

別珍
表面を毛羽立たせた織物。毛足があり、その方向で色が違って見える。やわらかく、光沢がある。

キルティング
表布と裏布の間に綿などを挟んで、ステッチをかけた生地。バッグに使うと、あたたかさややわらかさのある雰囲気になる。

様々なレースと革素材

■ レース

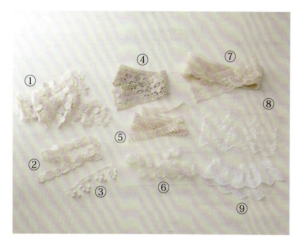

- モチーフレース(①)
  花やリボンなどをモチーフにしたレース。切り取って使うことも可能。ケミカルレースに含まれる場合もある。

- ケミカルレース(②、③)
  生地に刺繍を施した後、化学処理で生地を溶かしたことでこの名がついた。現在は化学処理ではなく水溶性の生地を使用して作られている。

- トーションレース(④、⑤)
  糸を編んで作られるレース。天然素材から化学繊維まで様々な素材が使用される。編み目が粗いものが多い。

- 立体モチーフレース(⑥)
  チュールレースに立体のモチーフを縫い付けたレース。

- アンティークレース(⑦)
  作られてから50年ほど経過したものをビンテージレース、100年ほど経過したものをアンティークレースと呼ぶ。

- チュールレース(⑧)
  薄い網のような生地(チュール地)に刺繍を施して作ったレース。

- スカラップレース(⑨)
  ホタテ(スカラップ)の貝殻のような形状に縁取られたレース。

- バテンレース(⑩、⑪、⑫)
  型紙に合わせてテープを形作り、縫い合わせて作られるレース。テープとテープの間は、針と糸で模様をかがって作る。

- イニシャルテープ(⑬)
  テープにイニシャルの刺繍を施したもの。数字を刺繍したものもある。写真はアンティークのイニシャルテープ。

- イニシャルモチーフ(⑭、⑮)
  イニシャルを刺繍したレース。モチーフレースの一種。ハンカチのワンポイントなどにも良い。

■ 革素材

- カラーレザー(⑯)
  牛などの動物の革を顔料や染料で染めたもの。

- 本革(⑰)
  動物の皮を剥ぎ、加工しやすいようになめしたもの。天然皮革。

- 合皮(⑱)
  皮革に似せて作られた素材。合成皮革と人工皮革に大きく分けられる。

Part.2 布とその他の素材

便利な素材集

■ 革の厚さとかたさ

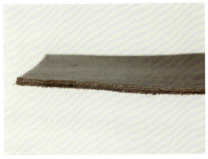

◀ 厚くてかたい革
厚みがあり、かたい革。トコ面（ざらざらした面）を漉いて厚みを調節できる。「漉き」サービスを実施している革材料店もある。Dカンなどを通すのに使用したり、ワンポイントとしてカシメで取り付ける。ミシンで縫える厚さまで漉いても良い。

◀ 薄くてやわらかな革
薄くてやわらかい革。このように薄いものであれば、家庭用ミシンで縫うこともできる。

■ 革で飾りを作る

スタンプを押す

01

革を好みの大きさに切る。スタンプとインクパッドを両手ですり合わせるようにしてインクをつける。

02

新聞などを敷き、革にスタンプを押す。全体に体重をかけ、ハッキリと転写する。

カンタン！

刻印を使う

01

ラバー台の上に水で湿らせた革を乗せ、刻印を垂直に革の上に置いて木槌で何度か叩く。

02

ある程度強めに打ち付けると綺麗に仕上がるが、力を加えすぎると革に穴があいてしまうので加減すること。

スタンプいろいろ

欧文や大人っぽい図柄の大きなスタンプ、数字スタンプなど、様々な物がある。

インクいろいろ

布用（①）や様々な素材に使えるスタンプインク（②）。白色インクとパッド（③）。

金属のパーツ

バッグ作りには、布以外にも様々な素材が必要です。金具やファスナーの種類や名称、取り付け方のコツをご紹介します。これらを使いこなすことで、使い勝手の良い素敵なバッグを作れるようになりますよ。

金具とファスナー

■ 金具の種類

バッグを製作するためには、金具はとても重要です。金具を付けるための専用の道具は必要になりますが、金具を付けることによってバリエーションを豊富にしたり、高級感を出したり、使い勝手を良くしたりする効果があります。

カシメ
2つのパーツで表と裏側から挟み、木槌などで打ち留めて固定する。足の長い方を「足」、短い方を「アタマ」と呼ぶ。

差し込み錠
バッグや財布のフタ部分に取り付けて使用する。差し込み金具、受け金具、座金の3つのパーツからなり、カシメで固定する。

マグネットホック
バッグの開口部によく用いられる留め金具。マグネット式なので着脱が簡単。

底びょう／フジタカ
バッグの底を汚れや擦れから保護するために、底板の足として付ける。カシメの代わりとして使うこともある。

バネホック／ジャンパーホック
非常によく用いられる留め金具。リング式とバネ式がある。

ギボシ
取り付けの簡単な留め金具。留める側に穴を空けて、差し込んで留める。

送りカン／コキカン
ショルダー用のテープなどを通し、長さを調節するための金具。中心のピンが固定されているものもある。

カン
持ち手などの根本に使われる金具。形状によって「Dカン」や「角カン」など名前が変わる。

ナスカン
持ち手などの根本に使われる。取り外しが可能で、ひものねじれなどに自在に対応できる。

Part.2 布とその他の素材

金属のパーツ

■ ファスナーの種類と各部名称

ファスナーは、バッグ製作において開口部やポケットに多用されます。種類やカラーも豊富なので、バッグに合ったものを選びましょう。ここではファスナーの基礎知識を紹介します。

金属ファスナー

樹脂ファスナー

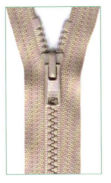
ビスロン®ファスナー

ファスナーには大きく分けて次の3つの種類がある。左から、エレメントが金属でできている金属ファスナー。エレメントがコイル状の樹脂でできている樹脂ファスナー。樹脂製のエレメントがテープに射出成型されたビスロン®ファスナー。好みに応じて使い分けると良い。
※ビスロン®はYKK株式会社の登録商標です

▲ エレメントのかみ合う仕組み
スライダーによって湾曲させて歯車の原理でかみ合う（閉じる）。スライダーを逆に引けばエレメントは離れる（開く）。

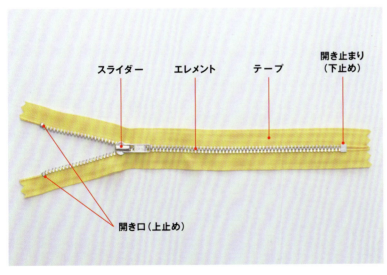

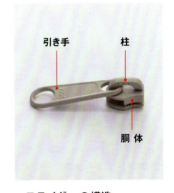

▲ ファスナーの各部名称
ファスナーは、テープ、エレメント（務歯）、スライダー（開閉部品）の3つの部分に大別できる。エレメント（務歯）のかみ合う部分を務歯頭部といい、これがかみ合うとファスナーの働きをする。エレメントを外して止め金の位置を変えることによって、ファスナー本体の長さ調節が可能。途中のエレメントが取れてしまった場合はファスナーを取り替える必要がある。テープはファスナー専用に作られたもので、ポリエステルテープが主体となっているが、用途によって、合織テープ、綿テープなどがある。

▲ スライダーの構造
ファスナーを開閉するときに、エレメントをかみ合わせたりする役目をする。用途に合わせていろいろなタイプがある。

金具の取り付け方 >>

バッグ作りには様々な金具が登場します。金具を一切使わないバッグも素敵ですが、カシメを少し使うだけでも、本格的な雰囲気をプラスすることができますよ。この機会にぜひ、金具の扱い方をマスターしてみてください。

■ カシメの打ち方

カシメは色々な部分に使用できる金具です。持ち手と本体を合わせたり、ショルダー用のテープを強く固定したりすることもできます。条件を問わず使えますが、合わせる生地や革にある程度の厚みがあることが重要です。また、足が短すぎても上手く固定できないので、カシメ選びは注意して行いましょう。

レザーパンチやハトメ抜きを使用し、持ち手革の必要な位置に穴を開ける。

01で開けた穴に合わせ、本体にも目打ちで穴を開ける。

本体の穴と持ち手の穴を重ね、裏側から足を差し込む。

穴からカシメの足が数ミリ見える状態がベスト。長すぎたり短すぎたりするとしっかり留められない。

表側からアタマを被せる。

大きさに合わせた打ち台にセットし、カシメ打ちを被せる。

Part.2 布とその他の素材

金属のパーツ

カシメ打ちを垂直に持ち、木槌で強く4～5回打って留める。

完成。カシメを指で動かしてみて、回らなければ留まっている証拠。爪の先も入らない状態が良い。

■ マグネットボタン（p.144にて詳しく解説しています。）

マグネットボタンは見た目がよく、バッグの完成度を高められるアイテム。ワンタッチでバッグの口を開け閉めできるので、非常に便利です。取り付ける際は、強度と厚みのある布を選びましょう。接着芯などで補強しても良いです。

■ 差し込み錠（p.136～137にて詳しく解説しています。）

主にフタのあるアイテムのための留め具です。ポシェットのフタなどをしっかり留めることができ、落し物の防止にも役立ちます。バッグからお財布まで、幅広いアイテムに活かしてみてください。裏側はマグネットボタンと同じく、接着芯で補強するとよいでしょう。

■ ファスナーを縫い付ける時の注意

ファスナーなどを縫い付ける際に使用する片押さえは、押さえの位置を針の左または右に変えることができます。段差の位置によって、片押さえの場所を決めると良いでしょう。
また、ファスナーを縫い付ける場合は、スライダーの真横を縫わないようにしましょう。縫い始めは基本的にファスナーを10cmほど開けておき、5cmほど縫ったら一度ミシンを止めます。針を刺したまま押さえを上げ、スライダーを邪魔にならない位置まで動かしてファスナーを閉じましょう。スライダーの厚みの横をそのまま縫うと、縫い目が乱れてしまうので注意。

左／右

ファスナーがどちら側にあるかによって、片押さえの位置も変わってくる。

針を止め、スライダーを移動させる。

布合わせを楽しむ

布合わせのコツ

- お気に入りの生地を3枚ほど選んで、合わせてみましょう。意外な布同士がピッタリハマることがあるので、いろいろな布をチョイスして合わせてみることが大切。
- しっくりこないと感じる時は、布と布の間にレースを乗せてみましょう。間に置いたレースがアクセントになり、綺麗にまとめてくれることも。
- 色が濃い布同士は合わせず、要所要所で使うこと。多用するとキツめの印象になってしまいます。

布合わせの一例

1 水色の花柄にリネンを合わせ、ナチュラル風の布合わせに。さらに濃いめのパープルチェックを加え、全体にメリハリを与えます。 **2** 花柄とパープルチェックの間に細いレースを合わせてみます。やわらかさがプラスされ、全体の雰囲気がまとまりました。 **3** パープルチェックをベージュのストライプと入れ替えました。ナチュラルな印象が強まり、花柄が目立つようになります。布を一枚入れ替えるだけで印象がガラリと変わる点が、布合わせの醍醐味のひとつです。

色の濃い布を合わせる

花柄とストライプにカラーリネンを合わせています。右にいくにつれて、カラーリネンの割合が増えていきます。カラーリネンの割合が少ない時は、花柄とストライプの差し色として働きますが、割合が増えるとカラーリネンの強い色味が目立ってきます。

透け感のある布について

穴の空いたレース生地やところどころに透け感のある薄い生地を使う場合は、必ず別の布を合わせて補強すること。表から見えてしまうので、接着芯と合わせるのはNG。

白い布でも良いが、下に色布を合わせるととてもかわいらしく仕上がる。合わせる色を変えると、イメージがガラリと変わって面白い。

Part.3 型紙の作り方と縫い方の基本

型紙について

型紙は、本書に限らずほかのソーイングの本にも付属していることが多く、手芸店や洋裁店などで売られていることもあります。型紙から正しく生地を切り出して、作品作りを進めましょう。ちょっとのコツで、作業のしやすさが変わります。

型紙から生地を切り出す

型紙をハトロン紙に写し、それを使って生地を切り出すまでの手順を紹介します。型紙にはいろいろな記号や用語が記されています。意味を理解することも大切です。

■ 型紙の見方

1パーツごとに形が記されている型紙は見てわかりやすいですが、なかには複数のパーツが重ねて記されているものもあります。本書では各アイテムの作り方のページに、裁ち方図を掲載しています。複数のパーツの線が交差していたり重なったりしているものは、裁ち方図でパーツを照合しながら、ハトロン紙に写す作業を進めてください。

また型紙には製図記号や用語も記されています。記号はこのページで解説していますが、わからない言葉が出てきたらp.26のソーイング用語集をチェックしてください。

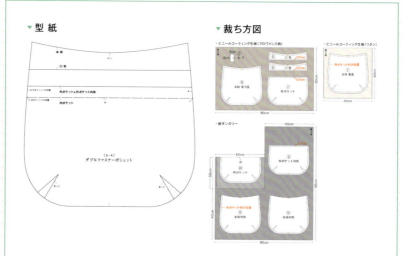

本書の型紙は、ひとつのシルエットの中に複数のパーツを重ねて記しているものもある。上は「ダブルファスナーポシェット(p.100)」の型紙で、本体と口布、外ポケット&外ポケット内布、内ポケットのパーツが重ねてある。パーツをハトロン紙に写す際は、各アイテムの作り方のページにある「裁ち方図」でパーツの形を把握して作業をするとよい。なお本書では、方形のパーツは基本的に型紙に記していない。「裁ち方図」に方形のパーツが記されている場合は、定規とチャコペンを使って布に直接書き込む。

■ 型紙の記号

出来上がり線
出来上がりの線を示す線。

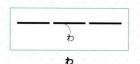

わ
二つ折りにした布の折り山部分を指す。

中心
そのパーツのセンターを示す。

布目線
布目の縦方向を示す。

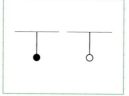

合印
2枚の布をずれないように重ね合わせるための印。本書では白丸と黒丸の合印があり、白丸は白丸、黒丸は黒丸同士を合わせる。

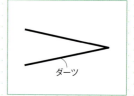

ダーツ
つまんで鋭角から二つ折りにし、重なった線の上を縫う。シェイプをコントロールし、立体的なシルエットにする。

> Part.3　型紙の作り方と縫い方の基本
>
> 型紙について

■ 型紙を写す

型紙はハトロン紙などの薄い紙に写して使います。型紙にハトロン紙をかぶせ、透けて見える線に定規を添え、シャープペンシルや鉛筆で写していきます。長い直線があるパーツは、ハトロン紙の端（直線）に合わせると、写す手間がはぶけて、作業がスムーズに進みます。写したら合印などの記号やパーツの名称も忘れずに書き入れましょう。なお本書の型紙は、縫い代が含まれていません。縫い代は切り出したハトロン紙を布にあてる際に、必要な長さをとって直接布に記します。

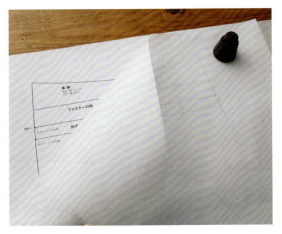

▲ **ハトロン紙を重ねる**
ハトロン紙は、ざらざらしている面を上にして型紙に重ねる。ウエイトなどの重石をのせると、ずれにくくなって作業がしやすい。

▲ **直線を引く**
直線部分は、ズレがないようにまっすぐ定規をあて、型紙の線に合わせて引く。

▲ **曲線を引く**
線の上にペンの芯をのせ、定規を少しずつずらしながら書く。

▲ **情報を書き入れる**
線を引いたら、合印や縫い止まりの位置、ダーツ、わ、布目線、中心、パーツ名といった情報を記入する。本書では、布目線は各アイテムの作り方ページにある「裁ち方図」に記載している。漏れがあると、作れなくなるので注意。

> **複雑な型紙は……**
>
> 複数のアイテムの線が交差して、見にくい型紙から写す場合は、必要なパーツの角に目立つ色で目印をつけると、間違いが少なくなります。時間が経つと自然に消えるチャコペンなどでつけるとよいでしょう。

■ 写したハトロン紙を切る

型紙から線や情報を写したハトロン紙をパーツごとにカットします。はじめに粗裁ちをしてパーツごとにわけると、線にそって切りやすくなります。切り終えたら、縫い合わせるパーツを重ねて、間違いがないか確認します。布の切れ味が悪くなるので、裁ちばさみは使わず、文房具のはさみなどで切りましょう。

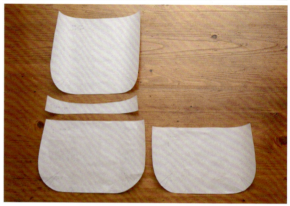

大きなパーツを切るときは、ハトロン紙の上にウエイトなどの重石をのせると作業しやすくなる。

ハトロン紙からパーツを大まかに切り出してから、各パーツごと線に沿ってカットする。下写真は、「ダブルファスナーポシェット（p.100）」の型紙を切り終えたところ。

■ 布を裁つ

パーツに切ったハトロン紙を布に配置して、布を裁っていきます。布は裏返し、その上に布目線が「たて地」と平行になるように配置します。縫い代が必要になるので、パーツとパーツの間隔は適度にあけましょう。また「わ」のあるパーツは、布を中表に二つ折りにし、折り山と「わ」の辺を合わせて配置します。配置したらまち針でハトロン紙を留め、チャコペンで縫い代線を書いていきます。同じパーツが複数必要な場合も、布を中表に二つ折りにしてパーツを切り出すと良いでしょう。

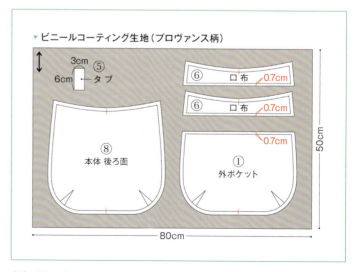

裏返した布の上に、パーツの形に切り出したハトロン紙を裏返して配置し、ズレないようにまち針で留める。布がビニールコーティング生地（ラミネート）の場合は、針の穴の跡がつかないように、マスキングテープで留める。

本書ではアイテムごとに、布の用尺と裁ち方図を掲載している。これをもとに必要な布を用意し、パーツに切り出したハトロン紙を配置するとよい。

Part.3　型紙の作り方と縫い方の基本

型紙について

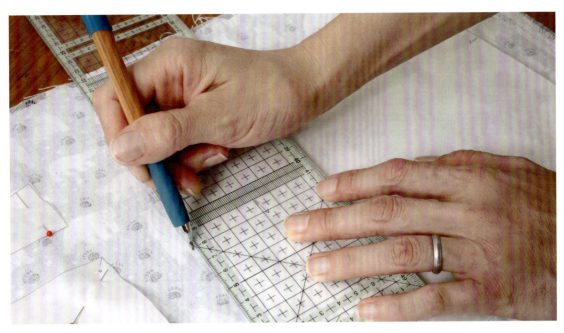

▲ **縫い代をつける**
布に縫い代を書いていく。本書では各アイテムの「裁ち方図」に縫い代の幅を記しているので、それに従う。ハトロン紙に方眼定規をあて、方眼定規の目でハトロン紙のふちから必要な長さを測って書く。線の書き方の要領は、p.51の直線、曲線と同様。合印とダーツの記号も書き入れてよいが、布を裁断したあとにハトロン紙の記号を見ながら直接ノッチを入れてもよい（p.54）。

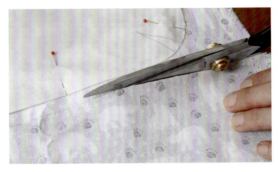

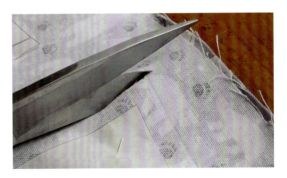

▲ **基本の裁ち方**
裁ちばさみで、縫い代の線に沿って裁断する。片方の手で布を押さえながら、刃を垂直に入れて線の上をズレないようにカットしていく。刃を閉じきらずに切ること。

▲ **角の部分は……**
角は少しオーバーして切るのがコツ。こうすることで、角がきれいに出せる。

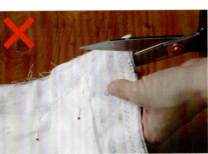

布がずれてしまうので、布を持ち上げて切るのはNG。また、縫い代線の途中で刃を閉じきると、縫い代に段差がつきやすくなる。

■ 印を付ける

裁断した布の縫い代に、合印や縫い止まりの目印となる切り込みを入れることを「ノッチ」といいます。ハトロン紙に写しておいた合印や縫い止まりと位置を揃えて、裁ちばさみで3〜4mmのノッチを入れましょう。ダーツやポケットつけ位置には、目打ちを使って印を付けます。必要な全ての箇所に印を付け終えたら、ハトロン紙を外して完了です。

▶ ノッチを入れる

合印や縫い止まりには、裁ちばさみの先端で縫い代にノッチ（切り込み）を入れる。切り込みの具合は3〜4mmを目安に。ここではハトロン紙の記号に合わせて直接切り込みを入れているが、縫い代に記号を写してからでもOK。

▲ ダーツに印をつける

ダーツは角の先端に目打ちで穴をあけて印をつけ（下にはカッティングマットなどを敷いておく）、さらに縫い代にノッチを入れる。

▼ 布用複写紙（左）、ルレット（右）

ダーツやポケットのつけ位置は、布と布の間に布用複写紙を挟み、ハトロン紙の上からルレットでなぞってもよい。

複写紙　　　　ルレット

Part.3 型紙の作り方と縫い方の基本

型紙について

生地の裁断で
気を付けたいこと

布に柄がついているものを使う場合は、いくつかのポイントがあります。
ひとつは、チェックなどの柄布を使うときの、縫い目の柄合わせ。縫い目の柄が合っていると、既成品のような完成度の高い仕上がりになります。
もうひとつは、差し込みについてです。差し込みとは、型紙の上下を揃えずに並べることです。右下イラストは、ある柄布の上に、型紙を写したハトロン紙を乗せたものです。無駄なく布を使うためには右のイラストのように配置したくなりますが、2つのパーツを合わせると柄の向きが逆さまになってしまいます。差し込みの技術は、無地や柄に方向の無い生地を使うときに有効です。

柄合わせは、バッグの袋口を基準にして横の並びをそろえ、バッグの中心に同じ模様がくるように調節する。柄合わせが必要な生地は、用尺より10%ほど多く準備する。

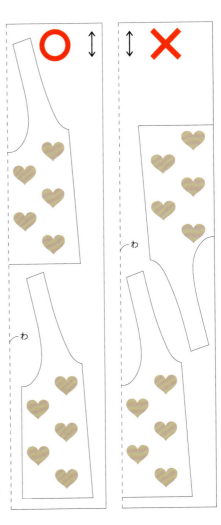

柄に向きがある布は、差し込みはNG（イラスト右）。柄の向きがそろうように切り出す。

手縫いのしかた

ミシンで縫いにくいところなどは、手縫いします。バッグ作りでは、返し口をもうけて生地を表に返すことも多く、作業後の返し口はコの字とじで処理します。本書でもよく出てくるので、しっかりとマスターしましょう。

おもな縫い方

■ 返し縫い

1針分前の縫い目に戻って2針分先に出す、という手順を繰り返して縫います。表から見るとミシン目のように見える丈夫な縫い方です。

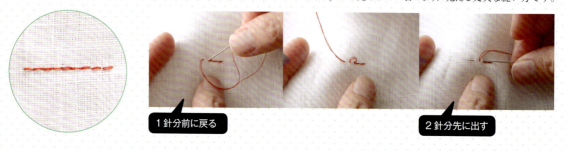

1針分前に戻る / 2針分先に出す

■ 半返し縫い

1/2針分前の縫い目に戻って2針分先に出す、という手順を繰り返して縫います。写真右端上は、縫い目を裏から見た様子。

1/2針分前に戻る / 2針分先に出す / 1/2針分前に戻る / 2針分先に出す

■ 並縫い&ぐし縫い

並縫いは5mmくらいのピッチで、まっすぐに縫い進めていく基本の縫い方。ぐし縫いは、並縫いよりも短い2mm程度のピッチで縫い進めていきます。

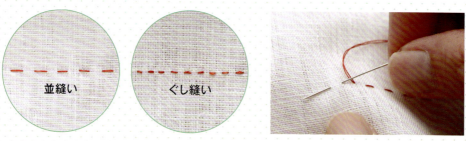

並縫い / ぐし縫い

Part.3 型紙の作り方と縫い方の基本

手縫いのしかた

■ コの字とじ

イラストのように、生地の裏から針を入れて折り目から出し、隣り合った生地の折り目に入れます。折り目に沿って1針分先に出し、隣り合った生地の折り目に戻るという手順を繰り返して縫い進めます。

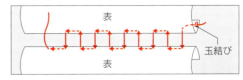

玉留めの処理

縫い終わりは玉留めしますが、玉が表に出ないよう、布の内側に隠すと仕上がりがいっそう美しくなります。

玉留めした縫い終わりの目に針を入れ、玉が布の内側にくるように引く。内側に玉がきたら、糸の余りを切り落とす。

玉結びと玉留め

針につけた糸の端は玉結びし、縫い終わりの目は玉留めします。針につける糸の長さは、手の甲から肘までの長さ+15cmくらいまでに抑えると、縫いやすくなります。

1本取り

2本取り

玉結びには片方の糸だけを玉結びする「1本取り」と、両方の糸を玉結びする「2本取り」の方法がある。しっかりと縫いたいときは、2本取りにする。

▲ 玉結び

針に糸を通し、端を人指し指の爪あたりの位置に1周巻く。親指と人差し指を擦り合わせるようにして糸をねじって輪の中に糸の端を通す。引いて玉結びをし、余りを切り落とす。

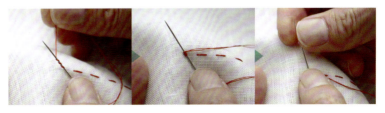

▲ 玉留め

縫い終わりの目に針の先端のほうをあて、糸を3周ほど巻く。糸を手元側に引っぱって詰め、親指と人差し指で巻いた糸をつまむように押さえながら針をひっぱる。余分を切り落として完了。

ミシン縫いの基本

ミシンを使った、基本的な縫い方を丁寧に解説します。ニットやビニールコーティング生地などの、特殊な布をミシンで縫う際のコツもここでお教えします。

※ここでは見やすいように白い布に赤い糸を使用しています。

> **基本の縫い方** >> まずは普通地の布をまっすぐ縫ってみましょう。2枚の布にまち針を打ち、返し縫いをして縫い進めます。チャコペンなどで縫い線を引いておくとベターです。

■ 直線を縫う

縫い線に垂直になるようにまち針を打つ。上糸と下糸は揃えて後ろに流す。はずみ車を回して布端から1cmの縫い線上に針を落とす。

押さえを下ろし、1cmほど返し縫いをする。

針が布から落ちてしまっていたら、はずみ車を回して針を縫い線の上に戻す。

両手を添えて布を軽く張りながら、真っ直ぐ縫う。

まち針の手前まで縫ったら一度針を止め、まち針を抜く。

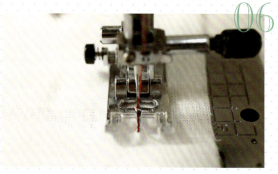

必要なところまで縫ったら、1cmほど返し縫いをする。返し縫いをした地点からさらに1cm縫い進め、合計3回縫い重ねる。

Part.3　型紙の作り方と縫い方の基本

ミシン縫いの基本

07 はずみ車を回して針を上げ、次に押さえを上げる。布を引いて糸を10cm程度引き出し、縫い終わりから数cm余裕をもって糸を切る。

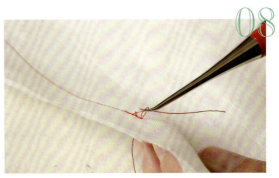

08 目打ちなどを使って、上糸の端を裏側に引き出す。

09 上糸と下糸を固結びする。ポケットやタックなどほつれやすい部分を作る場合に役立つ。

10 結び目のきわで糸を切って完成。

■ 薄い生地を縫う

薄い生地にミシンをかける際は、綺麗に縫えなかったり、糸が引きつれて布が波打ったりすることが起こりやすくなります。バッグ作りにおいて、薄い生地1枚だけにミシンをかけることは基本的にはありませんが、対処方法をご紹介します。

薄い生地を縫う時は、裏地をつけたり接着芯を貼ったりして対応する。また、穴の空いたデザインの生地の場合は、他の布と合わせて使うこと。接着芯と合わせると、穴から接着剤が見えてしまって見栄えが良くない。

> 布の下にトレーシングペーパーを敷いて一緒に縫い合わせると、まっすぐな縫い目を作ることができる。トレーシングペーパーを外す時に縫い目を乱しやすいので、注意して行うこと。

まっすぐ縫えない！そんな時は？

布のキワにステッチを入れたり、色の濃い布に同系色の糸を使って縫ったりする場合、縫い目がまっすぐにならず困ったことはありませんか？ そんな時は、マスキングテープを布の脇に貼りガイドにしてみて下さい。そして針を見ずに、マスキングテープと布の位置だけを確認しながら縫い進めましょう。勇気がいるかもしれませんが、綺麗に仕上がります。

■ 伸縮性のある生地を縫う

ニット生地やジャージーなどの伸縮性のある布は、普通地と重ねて縫い合わせるのが基本。普通地を上、伸縮性のある布を下の順に重ね、まち針を打ってずれないようにします。縫う際は、目打ちなどで押さえながら行うとよいでしょう。端切れで試し縫いをすることも重要です。

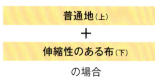

普通地を上にすることで縫い目がきちんと整い、歪まず綺麗に仕上げることができる。

伸縮性のある布につられて縫い目が伸びてしまい、仕上がりが歪んでしまうのでNG。

左が伸縮性のある布を上にして縫ったもの、右が普通地を上にして縫ったもの。ハッキリと違いがでている。

■ キルトを縫う

キルトを縫い合わせる場合、ミシン針の太さやミシン目の幅、布の上下に注意しましょう。キルトは間に綿が入っていて厚みがあるため、歪みが発生しやすい素材です。特に普通布と縫い合わせる場合は縫い目が詰まり、ズレが生じやすくなるので、目を粗く設定する必要があります。ここでは14番のミシン針を使用し、ミシン目の幅を3mmに設定しています。

01

キルトと普通布を中表に合わせてまち針で留める。

02

普通布を上にして縫い合わせていく。

上：普通布を上にして縫い合わせた場合。
下：キルトを上にして縫った場合。生地にズレが生じている。

Part.3 型紙の作り方と縫い方の基本

ミシン縫いの基本

■ ビニールコーティング生地を縫う

ビニールコーティング生地は、布地に樹脂コーティングを施したもの。ラミネート生地と呼ばれることもあります。表面がツルツルしていて水や汚れに強く、端の処理をしなくてもほつれないなどの特徴があります。
しかし「表面が押さえやミシンのテーブル部分に貼り付いて、針が進まなくなる」「針が詰まって、縫い目が細かくなりがち」といったことが起こるのも事実。
でも綺麗に縫い上げられれば、バッグの見た目もワンランク上のモノに。そんなビニールコーティング生地を扱う際のコツをご紹介します。

※基本的に押さえは金属製のものではなく、テフロン押さえを使用しましょう。手芸店にて、数百円〜千円程度で購入することがきます。

コツ1

余ったビニールコーティング生地で、ミシンのテーブル部分のカバーを作る。裏返したビニールコーティング生地を、ミシンのテーブル部分を覆うサイズに切る。そして、送り歯にあたる部分だけを切り抜く。テープなどで四辺をミシンに貼り付けたら完成。ビニール面とプラスチック部分が貼り付いて、ずれにくくなるのでおすすめ。厚紙などで代用することももちろん可能。

コツ2

ビニールコーティング生地や厚紙の代わりに、マスキングテープを全面に貼る。**コツ1**のカバー同様、摩擦を減らすことができる。とても手軽な方法だが、下糸を入れ替えられなくなるので注意が必要。

コツ3

ファスナーを縫い付ける時に必要なファスナー押さえ。シリコン製のファスナー押さえは市販されていないため、裏側にマットなタイプのマスキングテープを貼ることで摩擦を減らす。

> ビニールコーティング生地を扱う際、ツルツルした面にトレーシングペーパーを重ねて縫う方法もある。トレーシングペーパーを外す時に縫い目が乱れてしまうので、本書ではあまりおすすめしない。

ミシン目が飛ぶときは…?

針が必要な深さまで刺さらず、下糸を掬えないまま次の目に進んでしまっていることが原因。しっかりと布に刺さって、下糸を掬い上げられるように、針を太いものに変更するとよい。ここでは16番のミシン針を使用している。

マチ針の代わりに

ビニールコーティング生地は一度針を刺すと穴があいてしまうので、基本的にまち針やしつけはできない。そんなときは、クリップやしつけテープ(仮止め用の両面テープ)を使用するとよい。しつけテープの上を縫ってしまうと、粘着面が針に絡んで針通りが悪くなるので要注意。

裁ち端と縫い代の始末

>> バッグ作りに必要な、裁ち端の始末と縫い代の始末について解説します。裁断した布地の端は、そのままにしておくとほつれてしまいます。そのため、基本的には何らかの処理をしなくてはなりません。また複数の布を縫い合わせた時も、縫い代を始末することでより丈夫に綺麗に仕上げることができます。

裁ち端の始末

■ ジグザグ縫いで端を始末する （縫い目の長さ：2.4mm／振り幅：7mm）

ジグザグ縫いで裁ち端をかがり、ほつれ止めを行います。裁ち目かがり押さえを使用すると、縫い目の幅を一定に揃えて縫い進めることができます。

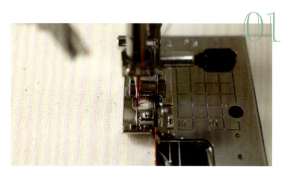

01 布の端を押さえ（の中心のピン）に合わせ、端から1cm手前、右端から7mm程度のところに針を落とす。

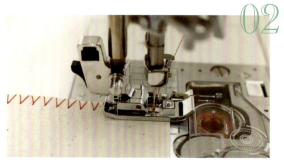

02 返し縫いで数針縫ったら、そのまままっすぐ縫い進める。角に差し掛かったら一度止める。

03 角の縫い目も先程と同様にはずみ車を回して調節し、布端から7mm程度の位置に針が落ちたところで止める。

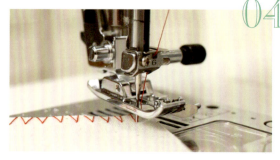

04 押さえを上げ、針が刺さった状態で布を90度回転させる。

05 押さえを戻し、必要なところまで縫い進める。最初と同様、数針返し縫いをして縫い終える。

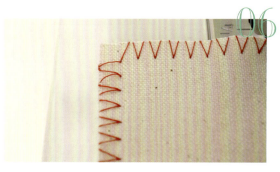

06 完成。

Part.3 型紙の作り方と縫い方の基本

ミシン縫いの基本

縫い代の始末

■ 縫い代を割る

縫い合わせた2枚の布の縫い代を開き、アイロンをかけて平らにすることを「縫い代を割る」と呼びます。縫い代を割った後に、表側からステッチを入れて縫い目を丈夫にすることもできます。裁ち端は縫い合わせる前に始末しておきましょう。

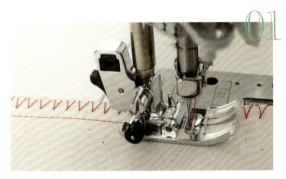

端の始末をした布を中表に合わせ、縫い合わせる。

縫い代を開き、アイロンを掛ける。さらに中心の繋ぎ目の両脇に2本、表側からステッチを入れてもよい。

■ 縫い代を片倒し(片返し)にする

縫い合わせた2枚の布の縫い代を一緒に始末し、片側に折ってアイロンをかけることを「片倒し(片返し)にする」といいます。縫い代を押さえるために、表側からステッチを入れる場合が多いです。

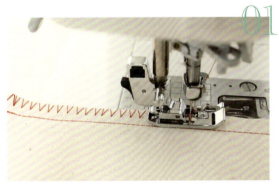

布を中表に合わせて、縫い合わせる。2枚一緒に端をジグザグミシンなどで始末する。

布を広げ、アイロンをかけて縫い代を片方に倒す。

表に返し、折り目のキワから2mm程度のところをまっすぐ縫う。このステッチと平行に、1~2本追加でステッチを入れるとより一層丈夫な仕上がりとなる。

■ 折り伏せ縫い

縫い合わせた布の縫い代の一方を半分に切り、残りの一方で包む方法です。布端が隠れるため、見栄えが良くなります。また、追加でステッチを入れることで強度を上げられるのでおすすめです。

2枚の布の端を中表にして揃え、直線で縫い合わせる。上の布の縫い代を半分に切る。

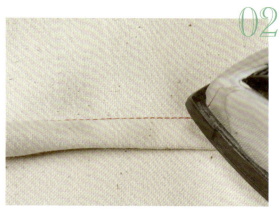

布を開き、長い方の縫い代で短い縫い代をくるむ。布端を隠すようにして縫い代を倒し、アイロンをかける。

まち針を打ち、端から1.5mm程度のところを裏側から縫う。

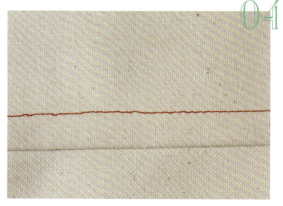

表に返すと、縫い線が一本だけ見える状態に仕上がる。

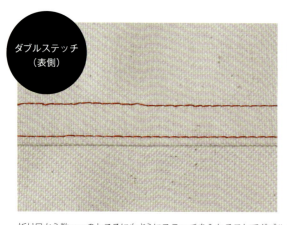

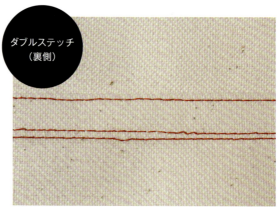

折り目から数mmのところにもさらにステッチを入れることでダブルステッチとなり、とても丈夫に仕上がる。

Part.3 型紙の作り方と縫い方の基本

ミシン縫いの基本

角を縫う >> バッグ作りに必要な、角の縫い方を解説します。ポケットや持ち手を作る時に必須の方法。布の種類を意識することで、より良い仕上がりとなるでしょう。

■ 直角を縫う

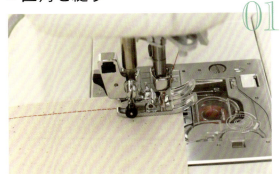

01 返し縫いをして縫い始め、角に差し掛かったら一度止める。

02 針を刺したまま押さえを上げ、布を90度回転させる。

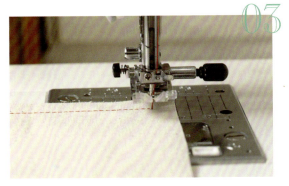

03 押さえを戻す。

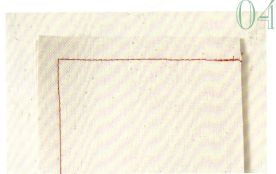

04 必要なところまで縫い進め、返し縫いをして直角の完成。

■ 角を表に返す

薄い布地の場合

01 縫い代を折りたたみ、重なった部分を指でしっかりと押さえたまま表に返す。

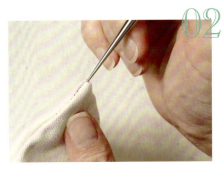

02 目打ちを使い、外側から角を引き出す。

○ 厚い布地の場合

角から1〜2mmのところを斜めに切り落とす。

縫い代を折りたたみ、指でしっかりと押さえながら表に返す。目打ちで角を引き出して完成。

■ 鋭角を縫う

一枚布を使い、鋭角を綺麗に仕上げる方法です。布端を角の内側に包み込んで表に出さない点が大きな特徴です。複雑に思えるかもしれませんが、ぜひ試してみてください。2枚を縫い合わせて鋭角を作る時は、「直角を縫う」と同様に行いましょう。その場合は表に返す前に、角の縫い代を切って厚みを抑えることがポイントとなります。

三角巾の両側を1cmずつ内側に折り、折り目をつける。

一方の内側の折り目を山折り、外側の折り目を谷折りにしてまち針で留める。

もう一方の内側の折り目と02の折り目が重なる部分に線を引き、その上を縫う。

縫い線を切らないように、先端をまっすぐ切り落とす。

Part.3　型紙の作り方と縫い方の基本

ミシン縫いの基本

もう一方の辺を三つ折りにして内側に折り込む。

三角巾を両手で持ち、先端を内側にくるりと折り込む。

目打ちなどの先の尖ったもので、三角巾の先端を整える。

アイロンをかけ、両側の折り目を整える。

まち針で留め、折り目のキワから1〜3mmのところを縫って完成。

立体やマチを縫う

布を縫い合わせて立体に仕上げます。四角いマチや円形の底を綺麗に作るには、沢山のコツが必要です。また、バッグのマチの作り方には様々な方法があり、ポイントを知っているかどうかで完成度が大きく変わります。しっかりとマスターして、ワンランク上の仕上がりを目指しましょう。

■ 立体の直角を縫う

形がビシッと決まる、立体的な角を作ります。マチ布の底両側を四角く切り取り、同時に本体にも底幅と同じ位置に切り込みを入れることがポイントです。
※マチ布＝白、本体＝水色、マチの仕上がりサイズ＝10cmとする。

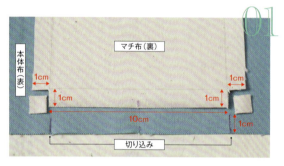

マチ布と本体の中心にそれぞれ合印を入れ、合わせる。マチ布の底辺両端は、縫い代を四角形に切り取っておく。本体布は、マチ布の底辺に合わせて1cmほど切り込みを入れておく。

マチ布と本体布を中表に重ね、合印でピッタリと合わせる。底辺をまっすぐ縫い合わせる。縫い始めと縫い終わりの返し縫は、必ず切り込みに針を落とすこと。

マチ布と本体布の左辺を合わせ、まち針を打つ。本体布に入れた切り込みが、直角に開くのが目安。

底から口に向かって、まっすぐ縫い合わせる。縫い始めの返し縫いは、02と同様切り込みに針を落とす。

最後の1辺は本体布を上にした状態で、底から口に向かって縫い進む。縫い始めの返し縫いは、02と同様切り込みに針を落とす。

表に返して完成。必要があれば、反対側のマチも同様にして縫い付ける。

Part.3 型紙の作り方と縫い方の基本

ミシン縫いの基本

■ 円形の底を作る

バッグの底やペットボトルホルダーに最適な、円形底の作り方のコツをお伝えします。しつけ縫いはしませんが、細かく切り込みを入れることで綺麗な円形に仕上げることができます。

01 本体布、底布に均等に4ヵ所ずつ、合印の切り込みを入れておく。

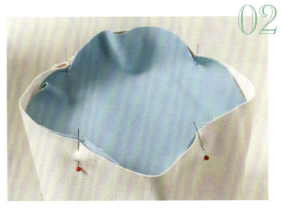

02 本体布を中表にして筒状になるように縫う。合印で本体布と底布を合わせ、4ヵ所にまち針を打つ。本体布の縫い代は割っておく。

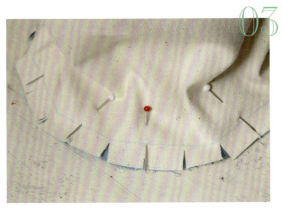

03 4ヵ所の間にさらに数本ずつまち針を打ち、本体布と底布をしっかりと留める。筒布の縫い代に、さらに細かく切り込みを入れる。（底布には入れない。）

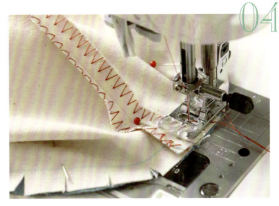

04 本体布を上にした状態で、繋ぎ目の1cmほど奥に針を落として縫い始める。返し縫いはしない。

05 左手を入れ、立ち上げるようにしながらゆっくりと縫い進める。縫い目がずれないよう目打ちなどで押さえつつ、綺麗な弧を描くように手で誘導しながら縫うこと。

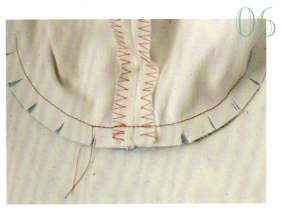

06 縫い終わりを縫い始めのミシン目に2cm程度重ねる。こうすることで、返し縫いをせずに済ませることができる。

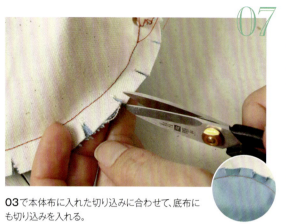

03で本体布に入れた切り込みに合わせて、底布にも切り込みを入れる。

表に返し、繋ぎ目に指先を入れて角が立つように整える。

■ 三角マチを作る① （※マチの長さ=8cm）

オーソドックスなマチの一つ。単純な構造をしているので、マチ幅を好みでアレンジしやすいのが嬉しいところ。4cm程度の小さいマチを作る時は、余分な布をカットしなくても大丈夫。

布を中表に合わせて、「わ」を底にする。脇を縫い合わせる。

縫い目が中心に来るように、底を三角に広げる。縫い代を割り、縫い目の上にまち針を打つ。

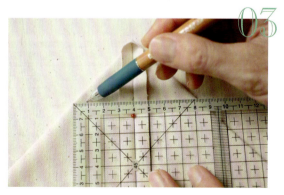

縫い目に垂直になるように定規をあて、縫い目の左右が4cmになる位置に計8cmの線を引く。（長さ7cmのマチを作る時は、縫い目の左右が3.5cmになる位置に計7cmの線を引く。）

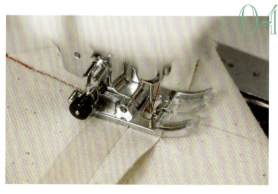

始めと終わりに返し縫いをして、線の上をまっすぐ縫う。途中、底の中心の縫い目をまたぐように、1cmほど返し縫いをするのがポイント。

Part.3 型紙の作り方と縫い方の基本

ミシン縫いの基本

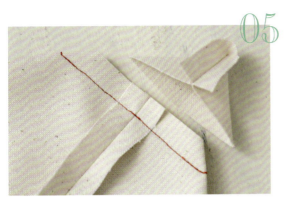

05

縫い代を1cm残して、余分な部分をカットする。

06

表に返して整えたら完成。

■ 三角マチを作る② （※マチの長さ=8cm）

別の方法で三角マチを作ります。「三角マチを作る①」で最後にカットしている余分な布地を、あらかじめ切っておく方法です。縫い合わせるうちにマチがずれてしまうのを防ぐため、柄合わせに最適です。

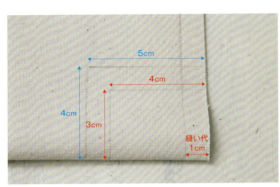

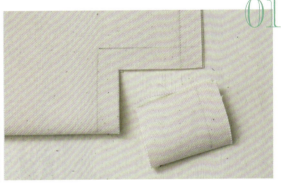

01

「(作りたいマチの長さ÷2)－1」という計算式で、カットする布地のサイズを割り出す。布を中表に合わせて、「わ」を底にする。今回は8cmのマチを作るので、底から3cm、脇から4cm（3cm＋縫い代1cm）のところに印をつけてカットする。さらに、1cm外側に縫い線を書き入れておくと良い。（長さ7cmのマチを作る時は、底から2.5cm、脇から3.5cmのところに印を付けてカットする。）

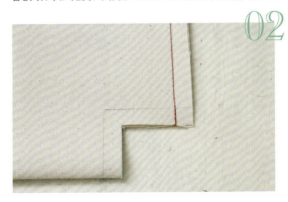

02

初めと終わりに返し縫いをして、口から底へ向かって脇をまっすぐ縫う。

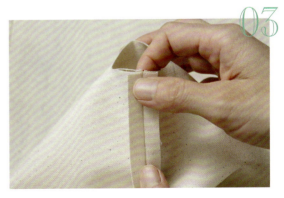

03

縫い代を割って広げる。

71

切り取った角を合わせるようにして畳み、折り癖を付ける。

縫い代1cmでまっすぐ縫い合わせる。

表に返して角を出したら完成。

■ つまみマチを作る（※マチの長さ＝8cm）

マチの返しの部分を両サイドに見せるのが特徴の作り方です。底をM字に折って縫い合わせることで、立体的に仕上がります。

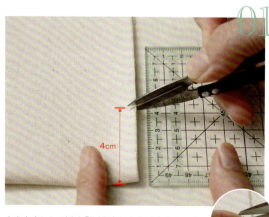
布を中表にして折り、「わ」を底にする。底から4cmのところに印をつけ、長さ5mmほどの切り込みを入れる。底の折り目の部分も同様に切り込みを入れる。

底の「わ」の部分を谷折り、切り込みを入れた2ヵ所を山折りにして、ピッタリと合わせて蛇腹のように整える。

Part.3 型紙の作り方と縫い方の基本

ミシン縫いの基本

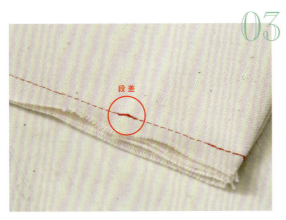

口から底へ向かって脇をまっすぐ縫う。布が4枚重なる部分は、段差を1cmほどまたぐように返し縫いをして補強する。

表に返して整えたら完成。

■ 内マチを作る (※マチの長さ=8cm)

底を折り返して作るマチです。マチを折り畳むことができるので、バッグ以外に巾着などにもオススメです。

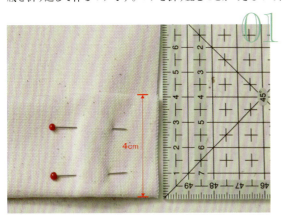

布を中表にして折り、「わ」を底にする。底から4cmのところに印を付け、折り返してまち針を打つ。

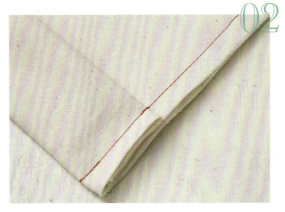

返し縫いをして、口から底へ向かって脇をまっすぐ縫う。布が4枚重なる部分は、重なりを1cmほどまたぐように返し縫いをして補強する。

表に返して整えたら完成。

マチを畳んだところ。

返し口から表に返す

返し口から布を表に返す工程は、バッグ作りにおいて必須。基本的な内容ですが、この機会におさらいしておきましょう。
※ここでは表袋にシロクマ柄の布、内袋に白布を使用しています。

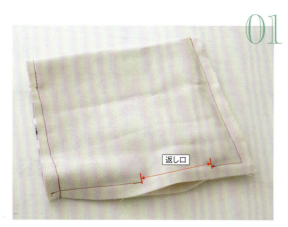
返し口を残して2枚の袋を中表に縫い合わせる。

返し口の奥に見える布が、表袋の外側。

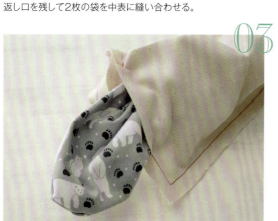
返し口に指を入れ、表袋を少しずつ引き出す。

内袋も引き出して表に返す。全体を表に返したところ。

返し口をコの字とじで縫い合わせる。

表袋の中に内袋を入れて、形を整えて完成。

Part.4
バッグを作る

※ミシン針やミシン糸は材料欄の布に合わせて指定されています。作例と異なる布を使う場合は、それに合った針と糸をご用意ください。（必ず試し縫いをしてから始めましょう。）

ふんわりキルトトート

▶ 出来上がりサイズ：
  高さ約30cm×幅24cm×マチ約8cm（持ち手は含まない）
▶ 型紙：なし

持ち手を革にするとフォーマルに、
共布で作るとカジュアルなデザインに仕上げられる
基本のトートバッグです。
両サイドのはぎ合わせを気にすることなく作れるのも、
初めてさんには嬉しいデザイン。
底マチをあらかじめ切り落とすことで、
柄合わせが難しい布でも
綺麗に作ることができます。

▲A4サイズのクリアファイルもすっぽり入ります。

材 料

① 表布A ------------------ 1枚
② 表布B、表布C ---------- 各1枚
③ 内布 -------------------- 1枚
④ 接着キルト芯 ------------ 1枚
⑤ 内ポケット -------------- 1枚
⑥ 革持ち手(長さ33cm×幅1cm) -- 2本
⑦ 中カシメ(直径7mm) --------- 8組
⑧ マグネットボタン(直径15mm) --- 1組
⑨ レース、布タグなど

布の用尺

・インディゴ風リネン※1 ---- 縦40cm×幅40cm(①)
・リネン(プロヴァンス柄) --- 縦40cm×幅40cm(②)
・綿ダンガリー ---------- 縦80cm×幅40cm(③)
・接着キルト芯 ---------- 縦80cm×幅40cm(④)
・綿生地(花柄) ---------- 縦40cm×幅30cm(⑤)

※1 Nu：インディゴ風リネン

裁ち方図

※この作例には型紙がありません。裏返した布に、直接寸法を書き込んでから裁断して下さい。

※指定がある所以外は、すべて縫い代1cmで裁ちます。

▼ インディゴ風リネン

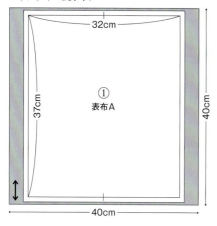

▼ リネン（プロヴァンス柄）

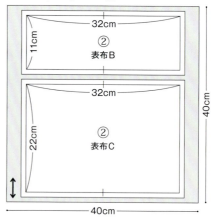

▼ 綿ダンガリー

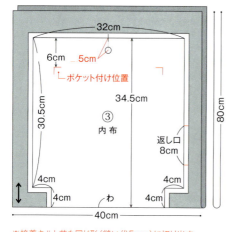

▼ 綿生地（花柄）

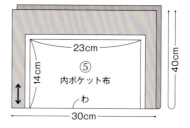

※接着キルト芯も同じ形（縫い代5mm）に切り出す。

ふんわりキルトトート

▶▶ 布をはぎ合わせて表布を作る

01 表布Aの両端に表布B、Cを中表に合わせる。まち針で留め、縫い代1cmでまっすぐ縫う。柄の向きに注意して縫い合わせること。

02 両サイドを2枚一緒に、ジグザグミシン（又はロックミシン）をかける。

03 縫い代を底方向に片倒しにして、まち針で留める。合わせ目のキワ2〜3mmのところに表からステッチを入れる。もう一方も同様にする。

▶▶ 表袋を作る

04 ステッチしたところ。

05 表布を中表に畳んで、両サイドにまち針を打ち、「わ」を底にする。両側の角を、縦3cm×横4cmの四角形に切り取る（p.71参照）。

06 表布にレースやタグを使いたい場合は、このタイミングで縫い付けると良い。

07 表布を裏返し、縫い代5mmで切った接着芯を貼り付ける。底の部分で合わせること。

08 中表に畳み、両サイドを縫い代1cmで縫う。さらに、2枚一緒にジグザグミシン（又はロックミシン）をかける。

09 マチを畳み、両サイドの縫い代を後ろ面の方向に片倒しにしてまち針を打つ。縫い代1cmで縫い、脇の縫い目の上は返し縫いをする。

»» タック入りポケットを作る

10 ポケットを中表に折り、「わ」を除く3辺にまち針を打つ。返し口を残して、写真のように縫う。

11 返し口から表に返し、「わ」から2～3mm程度のところにステッチを入れる。

12 右端から9cmのところで折り、まち針で留める。折り目から2～3mmのところにステッチを入れる。

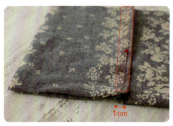

13 写真のように蛇腹に折ってまち針で留め、1cmのタックを作る。

14 内布の中心、口から7cmのところにポケットを合わせ、まち針で留める。

15 タックを広げ、折り目の上をまっすぐ縫って仕切りを作る。

16 ポケットの上端は右図のような順で三角形に縫い（★印から返し縫いをして縫い始める）、続けて端から2～3mmのところを縫っていく。タックの上は返し縫いして3重に縫い、反対側の端も同様に三角形に縫う。

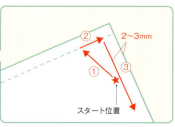

17 内布にポケットを縫い付けたところ。

▶▶ 内袋を作り、表袋と合わせる

内布を中表に合わせ、両サイドをまっすぐ縫い合わせる。その際、側面の一方の途中に返し口を作ること。表袋と同様、両サイドにジグザグミシン（又はロックミシン）をかける。

縫い代は表袋と逆の方向に倒し、底も09と同様に縫い合わせる。ジグザグミシン（又はロックミシン）をかけておく。

19 裏返しの内袋の中に表に返した表袋を入れる。繋ぎ目をピッタリと合わせ、片倒しにした縫い代が重ならないように注意する。

20 まち針で口を一周留める。

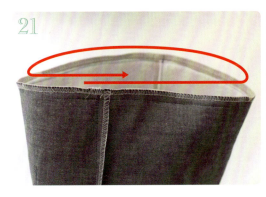

脇の縫い目の少し奥に針を落とし、縫い代1cmで袋口を縫う。もう一方の脇の縫い目の上は、返し縫いをして3重に縫う。縫い終わりは縫い始めと2cmほど重ね、1cm返し縫いをして完了。

最後に一周ぐるりとジグザグミシン（又はロックミシン）をかけると良い。

22 内袋の返し口から表に返し、形を整える。口から3mmと5mmのところに、ぐるりと2本ステッチを入れる。

＼完成！／

23 最後に返し口からマグネットボタンを取り付ける（p.144参照）。袋口から2.5cmの位置にマグネットボタンの中心がくるようにする。革持ち手をカシメで取り付け（p.46参照）、返し口をコの字とじ（p.57参照）で縫い合わせて完成

リネンのくったり
リバーシブルショルダー

▶ 出来上がりサイズ：
高さ約30cm×幅26cm×マチ12cm（持ち手は含まない）
▶ 型紙：[A-1]

自然素材のリネンを使った、くったりやさしい質感のバッグ。
表側は三角マチに、内側は内マチに仕立てて、
リバーシブルで楽しめるデザインとなっています。
輪っか状の持ち手を作るコツをぜひマスターして下さいね。

材料

① 表布(左) ……………………… 2枚
② 表布(右) ……………………… 2枚
③ 表布(前面中央) ……………… 1枚
④ 前ポケット …………………… 1枚
⑤ 表布(後ろ面中央)、
　 内布(後ろ面中央) …………… 各1枚
⑥ 内ポケット …………………… 1枚
⑦ 内布(前面) …………………… 1枚
⑧ 内布(後ろ面左、右) ………… 各1枚
⑨ ロヒモ(長さ30cm) ………… 2本

裁ち方図

※布は裏返し、その上に型紙を置いて写して下さい。
※指定がある所以外は、すべて縫い代1cmで裁ちます。

▼ハーフリネン(AQUA GREEN)　　　▼ハーフリネン(ストライプ)

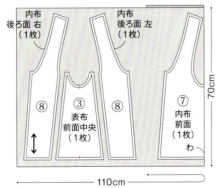

▼綿生地(花柄)　　▼ハーフリネン(パネル柄)

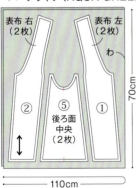

※1 デコレクションズ ハーフリネン (AQUA GREEN)
※2 デコレクションズ ハーフリネン (ウォッシュ生地 ストライプ)
※3 デコレクションズ パネル生地 (AMERICAN LABEL)
※4 デコレクションズ 花柄生地 (FORGET ME NOT - blue)

布の用尺

・ハーフリネン
　(AQUA GREEN)※1 ── 縦70cm×幅110cm (①、②、⑤)
・ハーフリネン
　(ストライプ)※2 ───── 縦70cm×幅110cm (③、⑦、⑧)
・ハーフリネン(パネル柄)※3 ── 縦30cm×幅30cm (④)
・綿生地(花柄)※4 ─────────── 縦50cm×幅30cm (⑥)
・ループテープ ────────────── 60cm (⑨)

≫ ポケットを作る

01 前ポケットの口部分を三つ折りにして、まち針で留める。柄に合わせて、好みで折り目を決めても良い。

02 折り目から2〜3mmのところをステッチする。

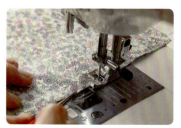

03 内ポケット布を半分に折り、「わ」から2〜3mmの部分にステッチを入れる。

≫ 各パーツを縫い合わせる

| 表布（前面中央）と表布左右 | 表布（後ろ面中央）と表布左右 | 内布（後ろ面中央）と内布（後ろ面）左右 |

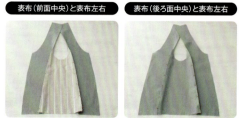

04 表布（前面中央）と前ポケット、内布（後ろ面中央）と内ポケットを重ね、まち針で留める。両脇と底を縫い代内5mmで仮縫いする。

05 表布（前面中央）と表布左右、表布（後ろ面中央）と表布左右、内布（後ろ面中央）と内布（後ろ面）左右をそれぞれ中表に合わせ、まち針で留める。

06 左右を縫い代1cmでまっすぐ縫い合わせる。ポケットの口をまたぐ際は、返し縫いをして補強すること。

07 各パーツを縫い合わせた状態。左から表布前面、表布後ろ面、内布後ろ面。

リネンのくったりリバーシブルショルダー

≫ 各パーツにステッチを入れる

08 はぎ合わせの縫い目2～3mmのところを、表からステッチする。表布前面と内布後ろ面の縫い代は外側に倒し、表布後ろ面は内側に倒す。

09 表布後ろ面のはぎ合わせの縫い代を内側に倒すと、縫い代が表から見えてしまう。はみ出た部分は切り落としておく。

10 ポケットの底から7cmのところにまっすぐステッチを入れる。ステッチでポケットの深さを調節することで、使いやすくなる。

≫ 表布と内布を縫い合わせる

11 タブなどを縫い付ける場合はこのタイミングで仮縫いしておく。今回は、表面の右サイドに布タブを仮縫いした。

12 表布前面と内布前面、表布後ろ面と内布後ろ面をそれぞれ中表に合わせる。それぞれの中心にはヒモを挟み、ヒモの端を1～2cmはみ出すようにした状態で仮縫いする。持ち手をぐるりとまち針で留める。

13 縫い代1cmで番号順に縫い合わせる。持ち手の内側の両端は7cm縫い残す。縫い終わったらカーブの部分に切り込みを入れる。

14 布を広げ、内布と内布、表布と表布を中表に合わせてまち針で留める。底同士をぴったり合わせて縫う。内布の底中心には10cmの返し口を作る。縫い合わせた部分には、ジグザグミシン（またはロックミシン）などをかけておく。

>> マチを作る

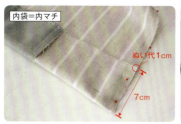 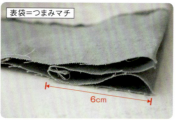 

15 内袋を内マチ（p.73参照）に、表袋をつまみマチ（p.72参照）にする。マチの長さはどちらも12cm。内袋の底は7cm折り上げ、表袋の底は6cm蛇腹に折る。それぞれの持ち手の付け根同士をピッタリと合わせ、縫い代を交差させてまち針で留める。

16 両脇を縫い合わせる。接ぎ目1cm奥から底に向かって縫う。底マチの上は、1cmほど返し縫いをして補強すること。もう一方の脇も同様にして縫ったら、返し口から表に返す。

>> 持ち手を縫い合わせる

17 同じ面の持ち手同士を縫い合わせる。13で縫い残した部分を広げ、中表に合わせる。

18 つなぎ目を合わせて縫い代を交互に倒し、まち針で留める。縫い代1cmでまっすぐ縫い合わせる。

19 縫い代を割り、開いている部分の布を1cm内側に折る。持ち手を畳んで、まち針で留める。

リネンのくったりリバーシブルショルダー

| 持ち手内側① | 持ち手内側② | 持ち手外側 |

20 持ち手の周りにぐるりとステッチを入れる。全てキワから2〜3mmで縫う。持ち手の内側は、中心のつなぎ目の1cm奥から返し縫いせずに縫い始める。一周ぐるりと縫ったら、縫い終わりを縫い始めのミシン目と2cmほど重ねて返し縫いをする。持ち手の外側も同様に縫う。最後に内袋の返し口をコの字とじ（p.57参照）で縫って完成。

裏返すとまた違う雰囲気に。

補強と飾りを兼ねて、色糸でロヒモの付け根を縫うとGood！

ロヒモの端に布やボタンを縫い付けると可愛さアップ。

大人シックな
ローズのバンブートート

▶ 出来上がりサイズ：高さ約33cm×幅36cm（持ち手は含まない）
▶ 型紙：[A-2]

普段は切り落としてしまう布の耳を使ったトートバッグ。
レースをランダムに垂らしたり、アクセントとして使ったりするとやわらかい印象に。
口布をコの字とじで縫い付けることで、ミシン目を目立たせず綺麗に仕上げることができますよ。

材料

① 表布(左) ・・・・・・・・・・・ 1枚
② 表布(右) ・・・・・・・・・・・ 1枚
③ 後ろ布 ・・・・・・・・・・・・ 1枚
④ 後ろ面飾り布 ・・・・・・・・・ 1枚
⑤ 内布 ・・・・・・・・・・・・・ 2枚
⑥ つり下げポケット ・・・・・・・ 1本
⑦ 口布 ・・・・・・・・・・・・・ 2枚
⑧ 好みのレース(約20cm〜23cm) ・・・ 3本
⑨ バンブーハンドル(直径16cm) ・・・ 1組
・ 接着芯

裁ち方図

※布は裏返し、その上に型紙を置いて写して下さい。
※指定がある所以外は、すべて縫い代1cmで裁ちます。
※パーツ④、⑦には型紙がありません。裏返した布に、直接寸法を書き込んでから裁断して下さい。

▼ リネン(ローズ柄)

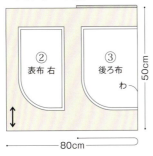

▼ リネン(ダークプラム)

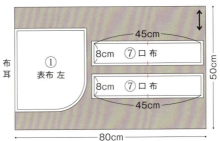

▼ ハーフリネン(ストライプ)

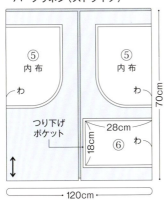

▼ 綿ローン(花柄)

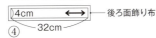

布の用尺

・リネン(ダークプラム)※1 ・・・・・・・ 縦50cm×幅80cm (①、⑦)
・リネン(ローズ柄) ・・・・・・・・・・・ 縦50cm×幅80cm (②、③)
・綿ローン(花柄) ・・・・・・・・・・・・ 縦34cm×幅6cm (④)
・ハーフリネン(ストライプ)※2 ・・・・ 縦70cm×幅120cm (⑤、⑥)
・接着芯 ・・・・・・・・・・・・・・・・ 縦20cm×幅50cm (口布用)

※1 Nu：カラーリネン(ダークプラム)
※2 Nu：ハーフリネンストライプ

始める前に…

- 表布（右）の左端（はぎ合わせの縫い代）はジグザグミシン（またはロックミシン）をかけて始末をしておくと良い。
- 飾り布の両端はあらかじめ1cmずつアイロンなどで折り目を付けておく。

≫ 表布のはぎ合わせを作る

01 表布（左）（耳のある布）が上になるように、表布（右）に2cm重ねてまち針で留める。耳から5mm程度のところにラフなステッチを2本入れる。

02 表布（右）に、好みの長さに切ったレースを縫い付ける。数cm縫い残してレースの端が揺れるようにするとかわいらしくなる。

≫ 後ろ布のはぎ合わせを作る

03 後ろ布の飾り布付け位置の左端に、裏返した飾り布の右側の折り目を合わせる。縫い代1cmで縫い合わせる。

04 飾り布を折り返す。折り目のキワ2〜3mmのところを、表から縫う。

05 もう一方は布端を1cm内側に折り込んで、折り目のキワ2〜3mmのところを縫う。

≫ つり下げポケットを作る

06 ポケット布を外表に半分に折り、「わ」から2〜3mm程度のところをまっすぐ縫う。

07 「わ」が上端から4cmになるように、W字に折る。両脇を縫い代1cmで縫い合わせる（p.120の**11〜13**参照）。

08 表に返し、内布の中心に合わせて、縫い代内5mmで仮縫いする。ポケットの両端の上は返し縫いをしてしっかりと縫い付けること。

▶▶ 各パーツを合わせて袋を作る

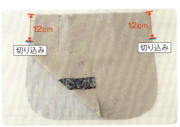

09 表布と内布、後ろ布と内布（つり下げポケットを付けた内布）をそれぞれ中表に合わせてまち針で留める。口から12cmのところに印をつけ、1cmの切り込みを入れる。

10 切り込みから口へ向かって縫う。縫い始めと縫い終わりに返し縫いをして、2枚計4ヵ所を同様に縫う。

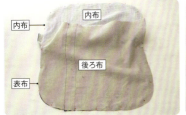

11 布を広げ、表布と後ろ布、内布と内布をそれぞれ中表に合わせてまち針で留める。それぞれの切り込み部分をピッタリと合わせること。

12 表布と後ろ布を縫い合わせる。縫い代1cmで切り込みから縫い始める。切り込みの1cm手前に針を落とし、返し縫いをする。切り込みに一度針を落とすのがポイント。

13 もう一方の切り込みまで縫ったら、同様に返し縫いをして糸を切る。

14 内布も同じ手順で縫い合わせる。ジグザグミシン（又はロックミシン）で端を始末し、表に返す。

›› あき口の周囲をステッチする

15 あき口の周囲をまち針で留める。

16 キワから2〜3mmのところにステッチを入れる。あき止まりの部分は、返し縫いをして補強する。もう一方のあき口も同様にする。

›› 口布を作る

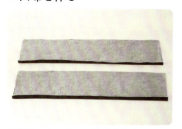
17 口布の裏面に接着芯を貼る。長辺の一方を1cm折り、アイロンなどで折り目をつける。

18 折り目から2〜3mmのところを縫う。

19 表布と内布がずれないよう、袋口を縫い代内5mmで仮縫いする。

20 袋口と口布（縫い目のない側）を中表に合わせ、まち針で留める。口布の両端が1cmずつ余るので、余った部分を内側に折り込んで本体を包むようにする。縫い代1cmで縫い合わせる。

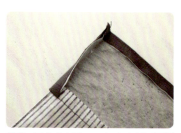
21 口布を広げ、アイロンなどで両側に折り目を付ける。

22 口布のキワ2〜3mmのところに、ステッチを入れる。

23 もう一方の口にも同様に口布を縫い付ける。

24 バンブーハンドルを包むように口布を内側に折り、まち針で留める。本体と口布の縫い線を隠すようにすると良い。

25 口布は手ぬいで縫いつける。持ち手の通し口から縫い始める。

26 コの字とじ（p.57参照）で、本体の縫い線のキワをすくうように縫う。バッグの支えになる部分なので、細かく丁寧に縫うことが大切。

＼ 完成！／

27 補強と飾りを兼ね、色糸を使って通し口を数回縫い留めて完成。

内側の様子。

裏面の様子。

布を変えてアレンジ。

ビニールコーティングの保冷バッグ

▶ 出来上がりサイズ：高さ約19cm×幅20cm×マチ10cm（持ち手は含まない）
▶ 型紙：[A-3]

ビニールコーティング生地は難しいと思われる方も多いようですが、
ミシンパーツを揃えれば家庭用ミシンでも縫うことができます。
シンプルですが達成感のあるデザインで、市販品のように仕上げられますよ。
この作例では、ビニールコーティングの生地にファスナーを付ける時のコツを紹介しています。

材料

- ① 表布 ……………………………………… 1枚
- ② 口布 ……………………………………… 2枚
- ③ 持ち手 …………………………………… 2枚
- ④ 保冷シート ……………………………… 1枚
- ⑤ タブ ……………………………………… 1枚
- ⑥ ファスナー（30cm）…………………… 1本
- ⑦ 布タグ、革タグなどを好みで

布の用尺

- ビニールコーティング生地
  （ドット）--- 縦50cm×幅80cm（①、②、③、⑤）
- 保冷シート ------- 縦50cm×幅40cm（④）

裁ち方図

※布は裏返し、その上に型紙を置いて写して下さい。
※指定がある所以外は、すべて縫い代1cmで裁ちます。

※パーツ③、⑤には型紙がありません。裏返した布に、直接寸法を書き込んでから裁断して下さい。

▼ ビニールコーティング生地（ドット）

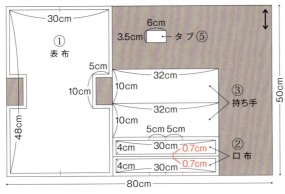

▼ 保冷シート

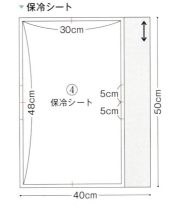

ミシン針 ▶ 14号
縫い目の長さ ▶ 3.0mm

≫ 持ち手を作る

01 持ち手布を半分に折って折り目を付け、それに向かって両端を突き合わせる。さらに半分に折って、クリップで留める。

02 【シリコン押さえ、14号針使用】
持ち手の両脇2〜3mmのところをまっすぐ縫う。テーブルにカバー（p.61参照）を敷くと縫いやすい。

マスキングテープをミシンのテーブルに貼ってガイドにすることで、まっすぐ綺麗な縫い目に仕上げられる。

≫ 保冷シートで内袋を作る

03 保冷シートを中表にして畳み、「わ」を底にする。底から5cmのところで折り返し、クリップで留める。

04 両サイドを縫い代1cmで縫う。底と重なる部分は1cmほど返し縫いをする。（内マチp.73の01と02参照。）

05 マチを広げておく（表に返さない）。

≫ 表布に布タグを付ける ≫ 表袋を作る

06 表布に布タグを縫い付ける場合はこのタイミングで行う。マスキングテープや両面テープで仮留めしてから縫うと良い。

07 表布を中表に合わせてクリップで留め、両サイドを縫い代1cmで縫う。

08 マチを畳み、縫い代を割る。縫い代1cmでマチを縫い、中心のつなぎ目部分は返し縫いをする。

》ファスナーと口布を縫い合わせる

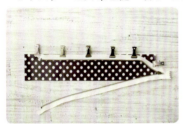   

09 口布とファスナーを中表に合わせ、クリップで留める。ファスナーの開き口の端は布端から2cmの位置に合わせ、三角形に折り返す。反対側は、口布の端から4cmのところにチャコペンなどで印を付け、写真のように留める。

10 三角形の上、端から7mmのところに針を落として1cm縫い、返し縫いをしてから縫い始める。始めは手ではずみ車を回して縫うと良い。

11 印のところまで縫ったら、針が刺さったまま押さえを上げてファスナーを左側に引っぱる。押さえを下ろし、そのまま縫い進めてファスナーの端をまたぐように返し縫いをする。

12 残りの口布ともう一方のファスナーを09と同様に留め、印の位置から縫い始める。開き口の端も同じく、三角形に折り返して縫う。

13 【裏にマスキングテープを貼った片押さえ】口布を折り返し、クリップで留める。押さえの位置を変え、折り目のキワ2〜3mmのところを表からステッチする。目打ちなどで押さえながらゆっくり縫い進めると良い。

ファスナーを縫う際は、特に縫い目が歪みやすい。押さえの右端と布端を合わせるようにすると良い。

14 口布とファスナーを縫い合わせたところ。

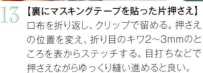

» 口布に持ち手を付ける

15 【シリコン押さえ】
ファスナーの開き止まりをタブで挟み、クリップで留める。返し縫いをせずに縫い始め、一周縫う。ファスナーの上は固くて縫いづらいので、はずみ車を回して縫い進めると良い。縫い始めと縫い終わりを重ね、返し縫いをして完了。

16 口布の中心にそれぞれ印をつけ、中心から左右5cmずつのところに切り込みを入れる。持ち手の内側を切り込みに合わせ、クリップで留める。

17 持ち手と口布を、縫い代内5mmで仮縫いする。持ち手の両脇は返し縫いをして補強をする。

18 口布を中表にして、両脇を縫い代1cmでまっすぐ縫い合わせる。

19 両サイド同様に縫い合わせる。

20 表に返して縫い代を割り、縫い目の両脇5mmのところを縫う。

ビニールコーティングの保冷バッグ

▶▶ 本体と口布を合わせる

21 表袋を表に返し、中に内袋を入れる。口布のファスナーを全て開いて裏返しにし、開き口が左側にくるように被せる。それぞれの縫い目を合わせ、ぐるりと一周クリップで留める。
★縫い代は、右写真のようにそれぞれ交互に倒すこと。クリップで留める際は、両サイド→中心→さらにその中間という順で留めるとずれにくくなる。

22 脇のつなぎ目の1cm奥に針を落とし、縫い代1cmで縫い進める。返し縫いはしない。

23 持ち手の上は、段差をまたぐように返し縫いをして3重に縫う。

24 一周縫ったら、縫い終わりを縫い始めのミシン目に2cmほど重ね、1cm返し縫いをして完了。

25 口布を表に返し、口の端を一周クリップ留めして折り目を押さえる。

26 【シリコン押さえとテーブルカバー】
表袋を上にして、口の周りにぐるりとステッチを入れる。口の端から5mmと8mmの2ヵ所をステッチする。ファスナーの開き口の方向から縫い始め、24と同様に縫い終わりと縫い始めのミシン目を重ねて返し縫いをする。

＼完成！／

ダブルファスナーポシェット

▶出来上がりサイズ：高さ約28cm×幅約32cm
（持ち手は含まない）
▶型紙：[A-4]

底マチはありませんが、タックを入れることで
ふっくらまぁるいフォルムに仕上がります。
普通地で作ったり、外ポケットに別の生地を合わせたり
バリエーションの広がるデザインです。
表に返さなくても内布が付けられるのがポイントです。

材 料

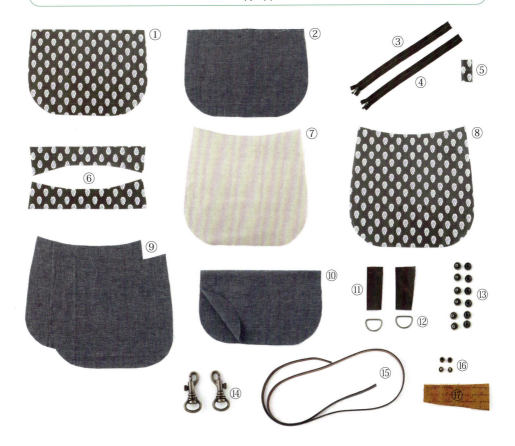

- ①外ポケット ─────────── 1枚
- ②外ポケット内布 ──────── 1枚
- ③外ポケット用ファスナー（30cm） ─── 1本
- ④本体用ファスナー（30cm） ───── 1本
- ⑤タブ ─────────────── 1枚
- ⑥口布 ─────────────── 2枚
- ⑦本体（表面） ──────────── 1枚
- ⑧本体（後ろ面） ─────────── 1枚
- ⑨本体内布 ──────────── 2枚
- ⑩内ポケット ──────────── 1枚
- ⑪ショルダー用革（長さ6cm×幅2.5cm） ─── 2枚
- ⑫Dカン（幅2.5cm） ─────────── 2個
- ⑬ショルダー用中カシメ
  （直径7mm×足8mm） ──────── 6組
- ⑭鉄砲ナスカン ──────────── 2個
- ⑮ショルダー用革テープ
  （長さ110cm×幅1cm） ──────── 1本
- ⑯革タグ用小カシメ（直径5mm） ───── 2組
- ⑰革タグ（お好みで） ─────────── 1枚

布の用尺

- ・ビニールコーティング生地（プロヴァンス柄） ───────── 縦50cm×幅80cm（①、⑤、⑥、⑧）
- ・ビニールコーティング生地（リネン） ──────────── 縦40cm×幅40cm（⑦）
- ・綿ダンガリー ─────────────────── 縦90cm×幅80cm（②、⑨、⑩）

裁ち方図

※布は裏返し、その上に型紙を置いて写して下さい。
※指定がある所以外は、すべて縫い代1cmで裁ちます。
※パーツ⑤には型紙がありません。裏返した布に、直接寸法を書き込んでから裁断して下さい。

▼ビニールコーティング生地（プロヴァンス柄）

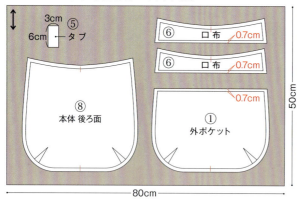

▼ビニールコーティング生地（リネン）

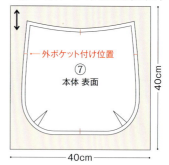

▼綿ダンガリー

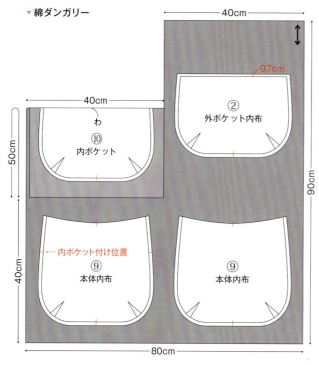

ミシン針 ▶ 14号
縫い目の長さ ▶ 3.0mm

ダブルファスナーポシェット

≫ 外ポケットにファスナーを縫い付ける

01 外ポケット布の口部分に、裏返しにしたファスナーを合わせてクリップで留める。ファスナーは半分ほど開けておくと良い。開き口が左側にくるようにする。

02 【片押さえを使用】
縫い代内5mmで縫い合わせる。スライダーの真横を縫わないように、適宜移動させる。

03 02と外ポケット内布を中表になるよう重ね、縫い代7mmで縫い合わせる。スライダーに関しても同様にする。

04 内布を折り返し、外ポケット布と内布を外表に合わせる。ファスナーを開き、折り目をクリップで留める。押さえの位置を変え、折り目から2〜3mmのところを表側からステッチする。スライダーに関しては02と同じ。

05 片押さえの右端から折り目までの幅を一定にするよう心がけることで、まっすぐ縫うことができる。

≫ 各パーツにダーツを入れる

06 本体(後ろ面)を裏返してダーツの線と線を合わせて折り、中心をクリップで留める。

07 底から内へ向かって、線の上をまっすぐ縫い合わせる。もう一方のダーツも、同様に縫う。

08 外ポケットは、外ポケットと外ポケット内布を重ねた状態でクリップで留め、ずれないように注意しながらダーツを入れる。

09 本体（表面）、内布2枚にも同様にダーツを入れる。写真は必要なパーツ全て（本体後ろ面、本体表面、外ポケット、内ポケット、内布2枚）にダーツを入れ終えたところ。

>> 飾りを付ける

10 飾りを付ける場合はこのタイミングで行う。今回は外ポケットの右下に、革タグをカシメ留めしている。

>> 外ポケットと本体表面を合わせる

11 本体（表面）に、裏返した外ポケットを重ねる。合印と外ポケットの口部分を合わせ、クリップとマスキングテープで留める。

12 【片押さえを使用】
ファスナーの端から7mmのところをまっすぐ縫う。スライダーは適宜移動させる。
★マスキングテープの上を縫うと、粘着面がミシン針についてしまうので注意。

13 端まで縫ったらマスキングテープを剥がす。

>> 表袋を作る

14 本体表面と後ろ面を中表に合わせる。外ポケットのダーツ、表面のダーツ、後ろ面のダーツが交互になるように倒し、クリップで留める。

15 底の中心から、返し縫いをせずに縫い始める。ダーツの段差、ファスナーと重なる部分は返し縫いをして、それぞれ3重に縫う。

16 反対側は先ほどの縫い始めに1cmほど重ねて返し縫いをし、同じく底から口に向かって縫う。ダーツ、ファスナーも同様にする。

≫ 内ポケットを作る

17 カーブの強いところに切り込みを入れる。3枚全てに切り込みを入れること。

18 内ポケットを外表に折り、「わ」から2〜3mmのところをステッチする。

19 内ポケットの中心に線を引く。内布に内ポケットを重ね、底の部分で合わせてまち針を打つ。

≫ 内袋を作る

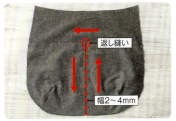

20 中心線から左右1〜2mmのところを縫う。口の部分は数回返し縫いをして、補強すると良い。

21 2枚の内布を中表に合わせる。交互になるようにダーツを倒し、まち針で留める。

22 15、16と同様に底から縫い始める。ダーツの段差、内ポケットとの重なりも返し縫いをする。端にジグザグミシン（またはロックミシン）をかける。

≫ 口部分を作る

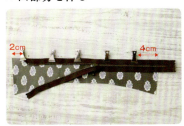

23 口布とファスナーを中表に合わせ、クリップで留める。ファスナーの開き口は三角形に折り返し、布端から2cmの位置に合わせる。反対側は、布端から4cmのところに印を付けておく。縫い代7mmになるように、三角形の上に針を落として1cm縫い、その後返し縫いをして縫い進める。

24 印のところまで縫ったら、押さえを上げてファスナーを左側に引っぱる。押さえを戻してそのまま縫い進め、ファスナーの端をまたぐように返し縫いをして完了。

25 残りの口布ともう一方のファスナーも23と同様に留め、印の位置から縫い始める。開き口の端も先程と同じく折り返し、目打ちなどで押さえながら縫う。

26 【裏にマスキングテープを貼った片押さえ】
口布を折り返す。押さえの位置を変え、折り目のキワ2～3mmのところを縫う。もう一方にも同じくステッチを入れる。

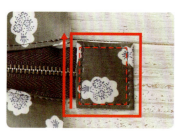

27 半分に折ったタブでファスナーの端を挟んでクリップで留め、四辺を縫う。縫い始めと縫い終わりを重ね、返し縫いをする。

›› 本体と口布を合わせる

28 【シリコン押さえ】
口布を中表に畳み、両サイドを縫い代1cmでまっすぐ縫い合わせる。

29 ファスナーを全て開いて表に返す。両サイドの縫い目を、縫い代を割って表からステッチで押さえる。

30 表袋を表に返し、中に内袋を入れる。口布を裏返しにして、ファスナーの開き口が左側にくるように被せる。縫い代は交差させること。

31 両サイドのつなぎ目をぴったりと合わせ、ぐるりと一周クリップで留める。

32 左側のつなぎ目の少し奥に針を落とし、返し縫いをせずに縫い代1cmで縫い進める。

33 反対側のつなぎ目の上は、返し縫いして3重に縫う。一周縫い、縫い終わりを縫い始めのミシン目と重ねて返し縫いをして完了。

ダブルファスナーポシェット

34 口のカーブの強い部分には、5mm程度の切り込みを数箇所ずつ入れておくと良い。

35 【シリコン押さえ、テーブルカバー】
口布を折り返し、袋口を一周クリップ留めして折り目を押さえる。表袋を上にして、口の周り5mmと8mmのところに2本ステッチを入れる。左側のつなぎ目から縫い始め、縫い終わりと縫い始めのミシン目を2cmほど重ねて返し縫いをする。

仕上げ

36 革を折り畳み、Dカンに通す。レザーパンチで2ヵ所穴を開ける。穴と穴の間隔は、カシメ1つ分以上空けること。

37 2つの穴の中心に本体のつなぎ目がくるように合わせる。革の穴と同じ位置に、目打ちやポンチを使い穴を開ける。

38 裏側から足を差し込み、表側からアタマを被せる。打ち台にセットし、カシメ打ちの上から木槌で打って留める。(p.46参照)

39 反対側も同じように留める。

40 ショルダー用の革テープの両端にも穴を開ける。端から1cmのところと5cmのところに2ヵ所ずつ穴を開ける。

\ 完成! /

41 両端を折り畳んでナスカンを通し、カシメで留めて完成。

107

角がキリリなスクエアビニコトート

▶ 出来上がりサイズ：高さ約30cm×幅40cm×マチ13cm（持ち手は含まない）
▶ 型紙：なし

水や汚れに強いビニールコーティングで大きなトートバッグを作ります。
旅行や海のレジャー、雨の日のお出かけなどにとても便利です。
四角い合印をピッタリ合わせることで、角がキリッと綺麗に仕上がるコツをご紹介。
作り慣れたら型紙をアレンジして、好みの大きさで作ってみましょう。

材 料

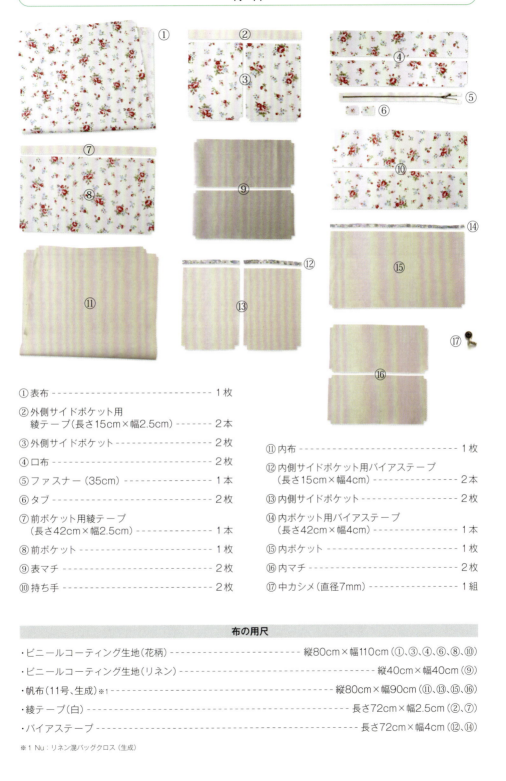

① 表布 ------------------------------ 1枚
② 外側サイドポケット用
　綾テープ（長さ15cm×幅2.5cm）------- 2本
③ 外側サイドポケット ----------------- 2枚
④ 口布 ------------------------------ 2枚
⑤ ファスナー（35cm） ----------------- 1本
⑥ タブ ------------------------------ 2枚
⑦ 前ポケット用綾テープ
　（長さ42cm×幅2.5cm）-------------- 1本
⑧ 前ポケット ------------------------- 1枚
⑨ 表マチ ----------------------------- 2枚
⑩ 持ち手 ----------------------------- 2枚
⑪ 内布 ------------------------------ 1枚
⑫ 内側サイドポケット用バイアステープ
　（長さ15cm×幅4cm）---------------- 2本
⑬ 内側サイドポケット ----------------- 2枚
⑭ 内ポケット用バイアステープ
　（長さ42cm×幅4cm）---------------- 1本
⑮ 内ポケット ------------------------- 1枚
⑯ 内マチ ----------------------------- 2枚
⑰ 中カシメ（直径7mm）---------------- 1組

布の用尺

・ビニールコーティング生地（花柄）---------------- 縦80cm×幅110cm（①、③、④、⑥、⑧、⑩）
・ビニールコーティング生地（リネン）-------------- 縦40cm×幅40cm（⑨）
・帆布（11号、生成）※1 -------------------------- 縦80cm×幅90cm（⑪、⑬、⑮、⑯）
・綾テープ（白）-------------------------------- 長さ72cm×幅2.5cm（②、⑦）
・バイアステープ ------------------------------- 長さ72cm×幅4cm（⑫、⑭）

※1 Nu：リネン混バッグクロス（生成）

裁ち方図

※この作例には型紙がありません。裏返した布に、直接寸法を書き込んでから裁断して下さい。
※指定がある所以外は、すべて縫い代1cmで裁ちます。

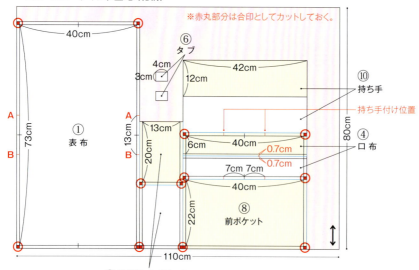

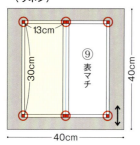

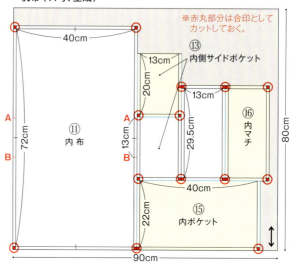

縫い代不要なパーツ
・持ち手
・前ポケット（口部分）
・内ポケット（口部分）
・外側サイドポケット（口部分）
・内側サイドポケット（口部分）

※パーツの区別をつけるため、一部のパーツと線を色分けしています。
※合印には縫い代内1cmの切り込みを入れる。

ミシン針 ▶ 14号、16号
縫い目の長さ ▶ 3.0mm

角がキリリなスクエアビニコトート

始める前に…
・バイアステープには、あらかじめアイロンで折り目を付けておく。(p.30参照)

≫ 持ち手を作る

01 持ち手を半分に折って折り目を付け、それに向かって両端を突き合わせに折る。さらに半分に折って、クリップで留める。これを2本用意する。

02 【シリコン押さえ、14号針使用】
両脇2〜3mmのところをステッチする。マスキングテープをミシンテーブルに貼り、ガイドにするとまっすぐ縫い進められる。

≫ 口布とファスナーを縫い合わせる

03 裏返したタブをファスナーの両端と合わせ、クリップで留める。

04 縫い代1cmでまっすぐ縫い合わせる。

05 タブを折り返し、折り目から2〜3mmのところを表からまっすぐステッチする。

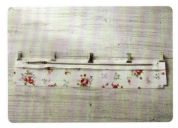

06 裏返したファスナーを口布に重ね、クリップで留める。ファスナーは、合印の無い辺と合わせること。

07 【片押さえ】
縫い代7mmでまっすぐ縫い合わせる。スライダーの真横を縫わないように、適宜移動させる。

08 ファスナーを折り返す。押さえの位置を変え、折り目から2〜3mmのところを縫う。片押さえの端と折り目の間隔を一定に保ちながら縫うと綺麗に仕上げられる。スライダーは適宜移動させる。反対側も同様に縫い合わせる。
★必要に応じて片押さえの裏にマスキングテープを貼ると縫いやすくなる。

≫ ポケットを作る

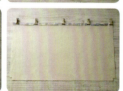

09

10 テープの端1〜2mmのところをまっすぐ縫う。すべてのパーツに、同様にして縫い付ける。

外側サイドポケット2枚と前ポケットの口部分（合印の入っていない方）を綾テープで挟み、クリップで留める。内側サイドポケット2枚と内ポケットの口部分もバイアステープで挟み、クリップで留める。

≫ サイドポケットとマチを縫い合わせる

11 ポケットに飾りをつける場合は、このタイミングで行う。今回は革タグを前ポケット右下に縫いつけている。

12 マチとサイドポケットを重ね、底の合印で合わせてクリップで留める。外側2枚と内側2枚で合計4枚用意する。

13 【シリコン押さえ】
表マチを作る。まず底の部分を、縫い代内5mmでまっすぐ縫い合わせる。

14 左側を底から口に向かって、縫い代内5mmで縫う。ポケットの口部分をまたぐように返し縫いをして、補強すると良い。

15 向かい側の残り1辺は裏返しにして、同じく底から口へ縫い進める。

16 内マチも同じ要領で作る。

角がキリリなスクエアビニコトート

≫ 表布に前ポケットを合わせる

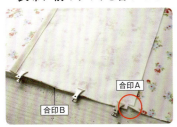

17 表布の合印Aと前ポケットの底を合わせ、写真のように重ねる。マスキングテープやクリップなどで留める。

18 表布の切り込みに針を落とし、1cmほど縫ってから返し縫いをして縫い始める。反対側の合印まで縫う。縫い代は1cm。

19 【シリコン押さえ】
前ポケットを折り返し、両サイドをクリップで留める。折り目のキワ7mmのところを、表からまっすぐステッチする。

≫ ポケットに仕切を作る

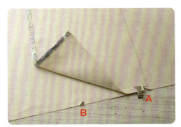

20 17～19と同様にして、内布に内ポケットを合わせる。内布も同じ要領で作る。内布は裏表の区別がつきにくいので注意する。

21 前ポケットの中心から左右1.5mm程度のところをコの字に縫う。口の部分は数回返し縫いをして、補強する。中心に細いテープを貼り、それに沿って縫うと良い。

22 内ポケットも同じ手順で仕切りを作る。縫い線のガイドはチャコペンなどで良い。

≫ 各パーツを縫い合わせる

23 【シリコン押さえ】
表布と前ポケット、内布と内ポケットの両脇をクリップで留め、底から口へ縫い代内5mmで仮縫いする。

24 表布と表マチを中表にして重ね、底の合印で合わせてクリップで留める。

25 縫い代1cmで底辺を縫う。表布の切り込みに針を落とし、1cmほど縫い進んでから返し縫いをしてもう一方の合印まで縫う。

26 表マチの脇と表布の脇を合わせてクリップで留め、底から口に向かって縫い進める。ポケットの口は、返し縫いをして補強する。縫い始め、縫い終わりは底部と全く同じ。

27 最後の一辺は裏返して、底から口に向かって縫う。

28 もう一方の表マチも同じ手順で縫い合わせる。内袋に関しても、同様にして組み立てておく。

≫ 仕上げ

29 【シリコン押さえ】
口布の合印に持ち手を合わせる。持ち手の端を1cmずつ口布からはみ出させてクリップで留める。口布の端から5mmのところを縫い留める。

30 表に返した内袋の中に、裏返しにした表袋を入れる。縫い代は全て交差させ、つなぎ目を合わせて袋口をクリップで留める。内ポケットは後ろ面にくるようにする。

31 口布を裏返し、ファスナーの開き止まりが本体の右側にくるように被せる。口布の両端とマチ布の端を合わせてクリップで留める。

32 縫い代1cmで縫い合わせたら、反対側の短辺も同様に縫う。

33 長辺を縫い合わせる。ファスナーを開けてから縫い進めると良い。

34 四辺を縫い終わったら、口部分の角を1～2mm残して裏側から切り落とす。

角がキリリなスクエアビニコトート

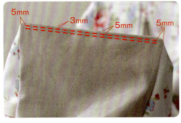

35 【シリコン押さえ、16号針使用】
ファスナー部分から表に返す。短辺→短辺→長辺→長辺の順で、バッグの口四辺に3mmと5mmのステッチを入れる。端から5mm手前に針を落とし、数針縫ってから返し縫いをして縫い始める。反対側の端5mm手前まで縫ったら返し縫いをして糸を切る。両端は厚みがあり、針が折れてしまう可能性があるので縫わない。

36 長辺は、側面とのつなぎ目1cm手前から縫い始め、反対側の端1cm手前まで縫う。

37 35と同様、3mmと5mmのステッチをそれぞれに入れる。

38 最後に前ポケットの仕切りの端にカシメを打つ。

39 底のサイズに合わせて底板を切り、バッグに敷くと良い。

サイドポケットには500mlペットボトルがスッポリ入ります。収納力バツグンのトートバッグです。

ふわふわファーのラウンドトート

▶ 出来上がりサイズ：高さ約25cm×幅33cm×マチ17cm（持ち手は含まない）
▶ 型紙：[B-1] ※つり下げポケット型紙は[A-2]と共通

季節感あるファー素材をアクセントに使ったトートです。
厚みのある生地にファーを合わせるコツやつり下げポケットの作り方などを紹介します。
生地を変えて作るとガラリと雰囲気が変わって面白いですよ。

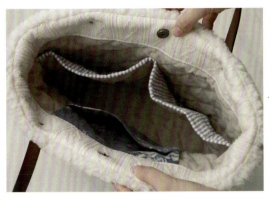

▲内側の様子。使いやすさ重視のポケットです。

▲帆布を使って作った別バリエーション。

材料

- ①表布 ------------------ 2枚
- ②底マチ(表) ------------ 1枚
- ③表布口部分 ------------ 2枚
- ④内布 ------------------ 2枚
- ⑤底マチ(内) ------------ 1枚
- ⑥内布口部分 ------------ 2枚
- ⑦内布口部分用接着キルト芯 ------ 2枚
- ⑧内ポケット内布 -------- 1枚
- ⑨内ポケット ------------ 1枚
- ⑩つり下げポケット ------ 1枚
- ⑪革持ち手(長さ44cm×幅1.5cm) -- 2本
- ⑫マグネットボタン ------ 1組
- ⑬中カシメ(直径7mm) ---- 8組

布の用尺

- ・ニットキルト(グリーン)※1 -- 縦50cm×幅110cm(①、②)
- ・ファー ---------------- 縦30cm×幅50cm(③)
- ・綿麻キルト ------------ 縦50cm×幅110cm(④、⑤、⑨)
- ・ニット ---------------- 縦30cm×幅50cm(⑥)
- ・接着キルト芯 ---------- 縦20cm×幅50cm(⑦)
- ・ハーフリネン(ストライプ)※2 --- 縦30cm×幅50cm(⑧)
- ・綿麻生地(ローズ柄)※3 ------ 縦70cm×幅30cm(⑩)

※1 Nu：カラーニットキルト(グリーン)
※2 デコレクションズ ハーフリネン (NATURE - stripe)
※3 Nu：綿麻ウォッシュプリント

裁ち方図

※布は裏返し、その上に型紙を置いて写して下さい。
※指定がある所以外は、すべて縫い代1cmで裁ちます。

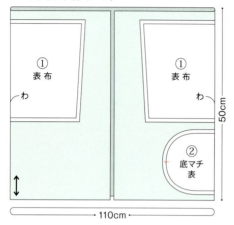

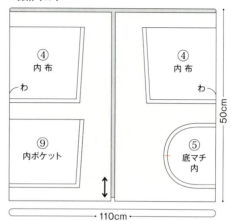

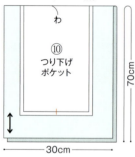

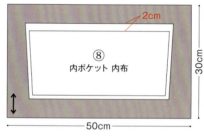

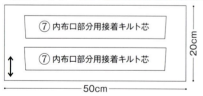

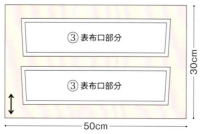

始める前に…
- 内布口部分のニットに、接着キルトを貼り合わせておく。
- 表布、底マチ(表)、内布、底マチ(内)、内ポケット布のキルト生地は全て、縫い始める前にジグザグミシンなどで端を始末しておく。

ふわふわファーのラウンドトート

≫ 表布にファーを縫い付ける

01【14号ミシン針】
口から8cmの合印で、表布とファーを写真のように中表に合わせてまち針で留める。目打ちなどで毛足を内側に押し込みながら、縫い代1cmでまっすぐに縫い合わせる。

02 ファーを折り返し、接ぎ目から毛足を引き出して整える。

≫ 表袋を作る

03 残りの3辺も合わせてまち針で留め、縫い代内5mmで仮縫いする。キルトを上にしてコの字に縫うと良い。もう1組も同様にする。

04 2枚を中表に合わせ、ファーとキルトの接ぎ目をぴったり合わせてまち針を打つ。

05 縫い代1cmで脇を縫い合わせる。接ぎ目に針を落とし、返し縫いをして口の方向へ縫う。

06 次は底から縫い始め、接ぎ目まで縫う。反対側の脇も同様にして縫う。こうすると接ぎ合わせ部分がずれにくく、綺麗に仕上がる。

07 表布両脇のつなぎ目と底マチ(表)の合印を合わせ、ぐるりとまち針で留める。縫い代は割る。カーブの強い部分には切り込みを入れ、布が引きつれるのを防ぐ。

08 底マチ(表)を下にして、つなぎ目の1cm奥から返し縫いをせずに縫い始める。一周縫ったら縫い終わりを縫い始めと2cmほど重ね、返し縫いをする。

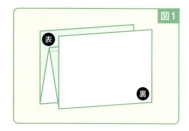

≫ 内ポケットを作る

09 内ポケットと内ポケット内布を口部分で中表に合わせ、縫い代1cmで縫う。内布を折り返し、折り目から2〜3mmのところを縫う。両サイドと底をまち針で留め、口以外の3辺を縫い代内5mmで縫う。

≫ つり下げポケットを作る

10 つり下げポケットを外表に半分に折り、「わ」から2〜3mmのところをまっすぐ縫う。

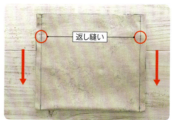

11 写真のようにW字に折り上げる。「わ」の部分が端から4cmの位置にくるのが目安(**図1**参照)。

12 両脇を、縫い代1cmで口から底までまっすぐ縫う。「わ」と重なる部分は、1〜2cm返し縫いをして3重に縫う。

13 表に返し、綺麗に角を出す。

≫ 内袋を作る

14 内布(後ろ面)を作る。内布と内布口部分のニットを中表に合わせ、中心につり下げポケットを挟む。各中心を合わせ、まち針で留める。

15 中心より1cm奥から、返し縫いをせずに縫い始める。ポケットの両端は1cmほど返し縫いをする。端まで縫って、返し縫いをして糸を切る。残りの半分は左端から縫い進め、縫い始めと2cm重ねて返し縫いをする。前側の内布も同様に内布口部分のニットと重ね、中心から縫う。こうするとはぎ合わせがずれにくくなる。

ふわふわファーのラウンドトート

16 内ポケットの中心に線を引く。内布（前面）に内ポケットを重ね、底の部分で合わせる。中心線から左右1.5mm程度のところをコの字に縫う。

17 ニットとキルトの接ぎ目にステッチを入れる。キワから2〜3mmのところをまっすぐ縫う。前面、後ろ面両方に行う。

18 内布2枚を中表にし、ニットとキルトの接ぎ目を合わせてまち針を打つ。表袋と同じ順番で両脇を縫う。

▶▶ 表袋と内袋を合わせる

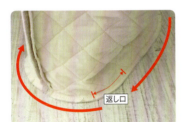

19 07と同様、側面と底マチ（内）を合わせてまち針で留め、必要に応じて切り込みを入れる。カーブの手前から縫い始め、10cmほど返し口を残して縫い終える。

20 表袋の中に内袋を入れ、中表に合わせる。両サイドのつなぎ目をそれぞれ合わせ、袋口をまち針で留める。

21 つなぎ目の1cm奥から、返し縫いをせずに縫い始める。縫い終わりを縫い始めと2cmほど重ね、1cm返し縫いして完了。

完成！

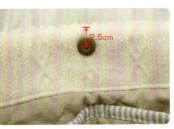
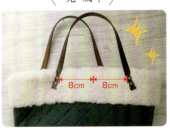

22 返し口から袋を引き出して表に返す。袋口から2.5cmの位置にマグネットボタンの中心がくるように、返し口から手を入れて取り付ける（p.144参照）。返し口はコの字とじで閉じる。

23 中心からそれぞれ8cmのところに印をつける。1ヵ所につき2組ずつカシメを使い、革持ち手をナナメに取り付けて完成（p.46参照）。

バイカラーがおしゃれな帆布のマルシェ

▶ 出来上がりサイズ：
　高さ約30cm×幅約50〜30cm×マチ20cm（持ち手は含まない）
▶ 型紙：[B-2]

マルシェとはフランス語で"市場"の意味。
アーチ形が目を引くデザインで、可愛らしく、
お買い物に便利なたっぷり容量が
ポイントになっています。
インファスナーポケットの作り方も
丁寧に解説しているので、
ぜひマスターして下さいね。

材 料

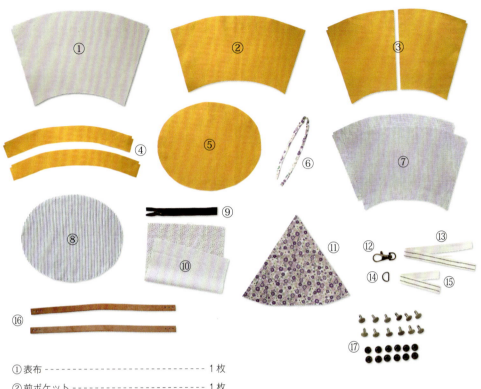

- ① 表布 ---------------------- 1枚
- ② 前ポケット ------------------ 1枚
- ③ 後ろ布(左・右) --------------- 各1枚
- ④ 口布 ---------------------- 2枚
- ⑤ 底マチ(表) ------------------ 1枚
- ⑥ バイアステープ
  (長さ60cm×幅4cm) ----------- 1本
- ⑦ 内布 ---------------------- 2枚
- ⑧ 底マチ(内) ------------------ 1枚
- ⑨ テフロンファスナー(20cm) ------ 1本
- ⑩ インファスナーポケット --------- 1枚
- ⑪ 三角巾 --------------------- 1枚
- ⑫ 鉄砲ナスカン ---------------- 1個
- ⑬ ナスカン用ループテープ
  (長さ23cm×幅1cm) ----------- 1本
- ⑭ Dカン(幅1cm) --------------- 1個
- ⑮ Dカン用ループテープ
  (長さ13cm×幅1cm) ----------- 1本
- ⑯ 革持ち手(長さ35cm×幅1.5cm) --- 2本
- ⑰ 革持ち手用 中足長カシメ
  (長さ8mm×直径7mm) --------- 12組

布の用尺

- ・帆布(11号、生成)※1 ---------------------------------- 縦40cm×幅50cm(①)
- ・帆布(11号、マスタード)※2 ------------------------------ 縦70cm×幅115cm(②、③、④、⑤)
- ・ハーフリネン(ストライプ)※3 ----------------------------- 縦70cm×幅115cm(⑦、⑧)
- ・綿生地(白黒花柄)※4 ---------------------------------- 縦40cm×幅30cm(⑩)
- ・綿生地(紫花柄)※5 ----------------------------------- 縦50cm×幅60cm(⑪)

※1 Nu：リネン混バッグクロス 生成　　※4 デコレクションズ 花柄生地(BLOSSOM flowery)
※2 Nu：リネン混バッグクロス マスタード　※5 デコレクションズ 花柄生地(TASHA TUDOR - garden(P))
※3 Nu：ハーフリネンストライプ

裁ち方図

※布は裏返し、その上に型紙を置いて写して下さい。
※指定がある所以外は、すべて縫い代1cmで裁ちます。
※パーツ⑩、⑪には型紙がありません。裏返した布に、直接寸法を書き込んでから裁断して下さい。

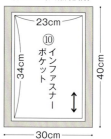
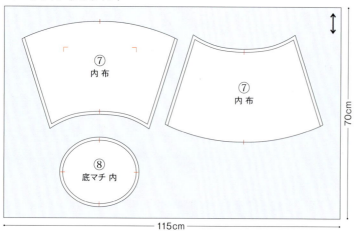
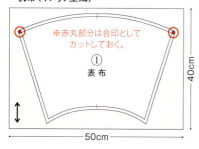
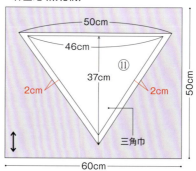

ミシン針 ▶ 14号又は16号
ミシン糸 ▶ 30番（ステッチ用）

始める前に…
- 三角巾の底辺は、表布口部分のカーブに合わせて丸く切っておく。
- バイアステープには、あらかじめアイロンで折り目をつけておく（p.30参照）。

≫ 前ポケットを作る

01 前ポケット布の口をバイアステープで包み、クリップで留める。

02 バイアステープの端1～2mmのところを縫い、パイピングする。

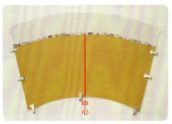

03 表布の上に前ポケットを重ね、チャコペンなどでポケットの中心に線を引く。

04 【16号針、糸30番、ミシン目3mm】
中心から1.5mmのところをコの字に縫って仕切りを作る。革タグなどを取り付ける場合はこのタイミングで行う。

≫ 後ろ布をはぎ合わせる

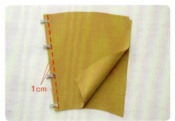

05 後ろ布2枚は中表に合わせ、縫い代1cmで底から口に向かって縫い合わせる。

≫ 表布と後ろ布を縫い合わせる

06 縫い代を割り、縫い合わせの両側2mmのところに表側からそれぞれステッチを入れる。

07 表布と後ろ布を中表に合わせ、両脇をクリップで留めて縫い代1cmで縫い合わせる。

08 縫い代を割り、縫い合わせの両側2mmのところを表側からステッチする。

底を縫いつける

09 08を裏返し、底マチ(表)の合印と表布・後ろ布のつなぎ目を合わせてクリップで留める。

10 脇のつなぎ目より1cm奥に針を落とし、縫い代1cmで縫う。返し縫いはせず、一周ぐるりと縫う。縫い終わりを縫い始めと2cm重ね、1cm返し縫いをする。

インファスナーポケットを作る

11 内布の合印の位置に合わせて裏返したインファスナーポケットを置き、まち針で留める。

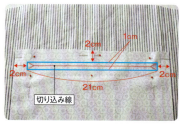

12 写真の様に図を書き入れる。長方形の縫い線の上下左右には2cm以上余裕を作る。また、この長方形の横幅はファスナーの長さ(開き口から開き止まりまでの長さ)+1cm、縦幅は1cmを基準に作る。長方形に沿って縫う。
★布が薄い場合は、長方形を覆うように接着芯を貼っても良い。

13 四辺全て縫ったら、切り込み線に沿って切れ目を入れる。内布とインファスナーポケットをいっぺんに切る。

14 角のギリギリまで切り込みを入れる。縫い目を切ってしまわないように注意すること。

15 インファスナーポケットを、切り込みから裏側へ入れる。裏返して、折り返したポケット布の折り目を整える。

バイカラーがおしゃれな帆布のマルシェ

16 裏側から切り込みにファスナーを合わせ、まち針で留める。

17 切り込みのキワを、表側からぐるりと一周縫い合わせる。縫い終わりを縫い始めと重ねて、返し縫いをして糸を切る。

18 インファスナーポケットを中表に折り、まち針で留める。「わ」以外の部分を、縫い代1cmでコの字に縫う。内布は折りたたみ、一緒に縫わないように注意する。

19 インファスナーポケットの完成。

▶▶ 内袋を作る

20 内布2枚を中表に合わせ、両脇をまち針で留めて縫い代1cmで縫い合わせる。

21 底マチ(内)の合印と内布2枚の繋ぎ目を合わせ、まち針で留める。10と同じ手順で縫い合わせる。縫い代は割る。

›› 各パーツを作る

22 三角巾の2辺を1cmずつ内側に折って、三つ折りにする。p.66〜67(鋭角を縫う)を参照して縫い、三角巾を作る。

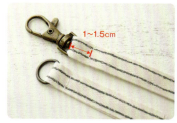

23 鉄砲ナスカン、Dカンにテープを通し、半分に折る。「わ」から1〜1.5cmのところを縫う。

›› 口布を作る

24 2枚の口布の、袋口以外の三辺に幅7mmでジグザグミシンをかける。

25 口布を中表に合わせ、両脇を縫い代1cmで縫って輪を作る。

26 布を広げて縫い代を割る。縫い目の左右5mmのところを、表側からコの字にステッチする。

27 下側の端を1cm内側に折ってクリップで留める。縫い代5mmで、表側から一周縫う。

›› 組み立てる

28 表袋に内袋を入れる。両脇の縫い目をぴったり合わせること。インファスナーポケットが後ろ側にくるように注意する。

29 口布を裏返し、28に被せてクリップで留める。縫い目がずれないように気をつけること。

30 脇のつなぎ目の1cm奥に針を落とし、縫い代1cmで縫い合わせる。返し縫いをせずに縫い始め、一周縫う。縫い終わりと縫い始めを重ねて返し縫いをする。

バイカラーがおしゃれな帆布のマルシェ

31 口布を縫い合わせたところ。

32 口布を広げ、表側の口布の中心に鉄砲ナスカン付きテープを合わせる。縫い代の内側に縫い付ける。後ろ側には、同様の手順でDカン付きテープを縫い合わせる。

33 口布を折り返す。口布と本体の間に22の三角巾を挟み、クリップで留める。

34 口端から5mmと8mmのところに表側からぐるりとステッチを入れて、縫い代を覆う。

35 2本の革持ち手の両端に、1cm間隔で3つ穴を開ける。革持ち手の穴に合わせ、本体にもポンチで穴を開ける。

36 革持ち手と本体の穴を合わせ、カシメを打つ。合計12ヵ所をカシメ留めする。

＼ 完成！ ／

37 完成。

革が決め手の
冬仕立て
ラウンドポシェット

▶ 出来上がりサイズ：
　高さ約20cm×幅約30cm×マチ10cm
　（持ち手は含まない）
▶ 型紙：[B-3]

布を中心ではぎ合わせることで、
様々な表情が楽しめるデザインです。
蓋にはラフな形を楽しめる革ハギレを使用。
仕上げの差し込み錠が
ピリッと大人なアクセントになっています。
合皮を使った蓋やレース、
チャームでアレンジしても良いでしょう。

❶便利な後ろポケット。 ❷おでかけにぴったりなサイズです。 ❸布を変えるとまた違った感じに。

材 料

① 表布(左) ･･･････････････････････ 1枚
② 表布(右) ･･･････････････････････ 1枚
③ 革フタ(長さ27cm×幅約16cm) ･･････ 1枚
④ 後ろ布(上) ･･････････････････････ 1枚
⑤ 後ろ布(下) ･･････････････････････ 1枚
⑥ 外ポケット(左) ･･･････････････････ 1枚
⑦ 外ポケット(右) ･･･････････････････ 1枚
⑧ 外ポケット内布 ･･･････････････････ 1枚
⑨ 底マチ(表) ･･････････････････････ 2枚
⑩ 内布前面 ･･･････････････････････ 1枚
⑪ 内ポケット ･･････････････････････ 1枚
⑫ 内布(後ろ面・上) ･････････････････ 1枚
⑬ 内布(後ろ面・下) ･････････････････ 1枚
⑭ ポケット用ファスナー(30cm) ･･･････ 1枚
⑮ ファスナーポケット内布(大) ････････ 1枚
⑯ ファスナーポケット内布(小) ････････ 1枚
⑰ 底マチ(内) ･････････････････････ 2枚
⑱ Dカン(幅2.5cm) ････････････････ 2個
⑲ Dカン用アクリルベルトテープ
　 (長さ6cm×幅2.5cm) ･･･････････ 2本
⑳ 送りカン(幅2cm) ････････････････ 1個
㉑ ショルダー用アクリルベルトテープ
　 (長さ135cm×幅2cm) ･･････････ 1本
㉒ 差し込み錠 ････････････････････ 1組
㉓ 中カシメ(直径7mm) ･････････････ 2組
㉔ 大カシメ(直径9mm) ･････････････ 2組
・接着芯

裁ち方図

※布は裏返し、その上に型紙を置いて写して下さい。
※指定がある所以外は、すべて縫い代1cmで裁ちます。

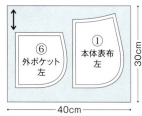
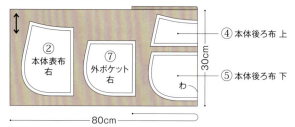
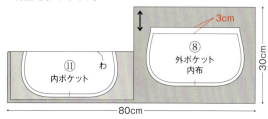
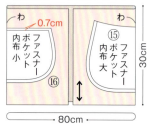
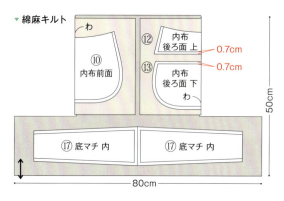
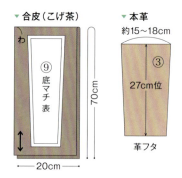

布の用尺

- 綿麻生地（ローズ柄）※1 ───── 縦30cm×幅40cm（①、⑥）
- ウールネップ ヘリンボーン※2 ───── 縦30cm×幅80cm（②、④、⑤、⑦）
- 本革 ───── 縦27cm×幅15～18cm程度（③）
- 綿麻キルト ───── 縦50cm×幅80cm（⑩、⑫、⑬、⑰）
- 綿生地（ストライプ） ───── 縦30cm×幅80cm（⑧、⑪）
- 綿生地（ベージュストライプ） ───── 縦30cm×幅80cm（⑮、⑯）
- 合皮（こげ茶） ───── 縦70cm×幅20cm（⑨）
- 接着芯 ───── 縦60cm×幅80cm（①、②、④、⑤、⑥、⑦に使用）

※1 Nu：綿麻ウォッシュプリント
※2 Nu：ウールネップ ヘリンボーン

始める前に…
・パーツ①、②、④、⑤、⑥、⑦に接着芯を貼っておく。

革が決め手の冬仕立てラウンドポシェット

▶▶ 布をはぎ合わせる

01 表布の左右、外ポケットの左右をそれぞれ中表に合わせる。まち針で留め、縫い代1cmで縫う。縫い代にジグザグミシン（ロックミシン）をかけ、端を始末する。

02 縫い代をローズ柄の布側に片倒しにして表に返し、縫い合わせのキワから2〜3mmのところをステッチで押さえる。

▶▶ 外ポケットに内布をつける

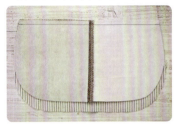

03 外ポケット内布と外ポケットを中表にし、口の部分で合わせて縫い代1cmで縫う。端にはジグザグミシン（ロックミシン）をかける。

04 内布を裏側に折り返す。アイロンをかけて折り目を落ち着かせ、底の丸みに合わせてまち針を打つ。

05 内布の折り目のキワを、色糸で2回縫う。飾りの意味合いも兼ねているので、縫い目をきっちり重ねる必要はない。

▶▶ 革フタと後ろ布を合わせる

06 後ろ布の上下を中表に合わせ、その間に裏返した革フタを挟む。それぞれに入れた中心の合印で合わせ、クリップで留める。

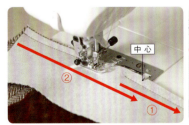

07 中心から1cm奥に針を落とし、返し縫いをせずに縫い始める。革フタの端はまたぐようにして1cmほど返し縫いをする。布端まで縫い、返し縫いをして糸を切る。もう一方は布端から返し縫いをして縫い始め、先程と同様革フタの上で返し縫いをする。そのまま縫い進め、1回目の縫い始めと2cm程度重なるところまで縫う。

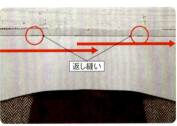

08 表に返し、折り目にアイロンをかける。折り目のキワをステッチで押さえる。

▶▶ 後ろ布と外ポケットを合わせる

09 後ろ布と外ポケットを重ね、丸みに合わせてまち針を打つ。縫い代内5mmで仮縫いする。底の中心から縫い始め、ポケットの端まで縫ったら返し縫いをする。反対側はポケットの端から返し縫いをして縫い始め、先ほどの縫い始めに1〜2cm重ねて縫って糸を切る。外ポケットの両脇から3.5cmのところに、カシメを打つ。

▶▶ 表袋を作る

10 底マチ（表）を中表に合わせ、底中心を縫い代1cmで縫う。縫い代を片倒しにし、縫い目から7mmのところを裏側からステッチで押さえる。

11 表布と底マチを中表にして重ね、底の中心で合わせてクリップで留める。カーブには切り込みを入れる。底マチを上にし、中心より1cm奥に針を落として返し縫いをせずに縫い始める。カーブの部分は目打ちで縫い目を押さえながらゆっくりと縫う。口まで縫ったら返し縫いをして、糸を切る。反対側は口から底に向かって縫い、縫い終わりを縫い始めに2cmほど重ね、返し縫いをする。

12 後ろ布と底マチを中表に重ね、同様の手順で縫い合わせる。

▶▶ 内ポケットを作る

13 内ポケット布を外表に折り、口部分にまち針を打つ。口部分の「わ」から3mmのところをまっすぐ縫う。

14 内布前面と内ポケットを底で合わせ、まち針で留める。ポケットの中心部分をコの字に縫って仕切りを作る。縫い目の間は3mm程度。

15 09と同じ手順で、内布前面と内ポケットを仮縫いする。端にぐるりと一周ジグザグミシン（ロックミシン）をかけて、始末をする。

革が決め手の冬仕立てラウンドポシェット

›› ファスナーポケットを作る

16 ファスナーの開き口の端を内布（後ろ面・下）に合わせる。右端から1.5cmを目安にストッパーを刺し、あて布をしてペンチでツメを倒す。余分な部分は切り落とす。

17 ファスナーを裏返して内布に重ね、まち針で留める。少し開き、ファスナーの上半分を留めると良い。

18 【片押さえ】
縫い代内5mmで仮縫いする。端より1cm手前に針を落とし、返し縫いをして縫い始める。スライダーの真横を縫わないよう適宜動かす。

19 18にファスナーポケット内布（小）を中表にして重ね、まち針で留める。縫い代7mmで縫う。

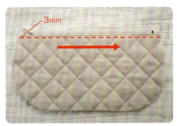

20 内布を裏側に折り返す。折り目のキワ3mmのところを、キルトを上にしてステッチを入れる。

21 20と内布（後ろ面・上）を中表に合わせる。それぞれの中心に合印を入れて合わせると、ずれなくて良い。縫い代7mmで縫い合わせる。

›› 内袋を作る

22 表を上にしたファスナーポケット内布（大）に21を重ね、まち針で留める。キルトを上にし、ファスナーのキワ3mmのところを縫う。縫い代内5mmで一周仮縫いする。

23 底マチ（内）を中表に合わせて、クリップで留めて縫い合わせる。縫い代を割り、中心から左右5mmのところを表側からコの字に縫う。

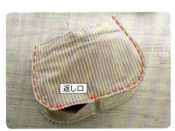

24 11、12と同様に、15と22と底マチ（内）を縫い合わせる。後ろ面の中心からカーブの手前を10cmほど縫い残し、返し口を作っておく。

135

≫ Dカンをつける

25 Dカン用アクリルベルトテープを半分に折り、Dカンを通して端から5mm内側を仮縫いする。

26 25の縫い目が内マチの端からはみ出すように、クリップなどで固定する。内袋とテープをしっかりと縫い付ける。もう一方も同様にする。

≫ 内袋と表袋を合わせる

27 内袋を表に返し、裏返しの表袋の中に入れてクリップで留める。ファスナーポケットが外ポケットと同じ面になるようにする。

28 内袋と表袋の縫い代は、重ならないよう別方向に倒す。

29 縫い代の段差より1cmほど奥から、返し縫いをせずに縫い始める。一周縫ったら、縫い始めと2cm程度重ねて糸を切る。

30 布の接ぎ目やテープの両端などは、返し縫いをして3重に縫って丈夫に仕上げる。

≫ 仕上げ

31 返し口から表に返して、形を整える。

32 袋口から3mmほどの部分を縫う。マチと表布の境目の5mm手前に針を落として、2針返し縫いする。マチの境目まで縫ったら、返し縫いをして糸を切る。反対側も同様にする。両サイドのマチは合皮なので縫わない。

革が決め手の冬仕立てラウンドポシェット

33 革フタの端の好みの位置に差し込み錠（上）をあて、穴の位置に印をつけて目打ちで穴を開ける。

34 差し込み錠（上）で革を挟み、裏側からカシメの足を入れる。表からアタマを被せ、カシメ打ちで留める。

35 表布の差し込み錠（上）に合う位置に差し込み錠の土台を合わせ、印をつける。返し口に手を入れて表布を支え、印の部分に切り込みを入れる。

36 切り込みに差し込み錠（下）の足を差し込み、裏側から土台の金属板を被せる。

37 ペンチ等で足を内側に倒す。返し口をコの字とじ（p.57参照）で縫う。

＼ 完成！ ／

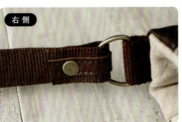

38 送りカンの中心のピンにショルダー用のアクリルベルトテープを通す。4cmほど折り返して穴を開け、大カシメで留める。左写真を参考にして、テープを本体左側のDカンと送りカンに通す。テープの右端を本体右側のDカンに通し、同様に4cmほど折り返してカシメで留める。

ローズが素敵な
グラニーバッグ

▶出来上がりサイズ：
　高さ約27cm×幅約34cm×マチ10cm（持ち手は含まない）
▶型紙：[B-4]

タックを寄せて立体感を出した、
ふっくらおしゃれなグラニーバッグです。
口にレースを縫いつける前に別布でパイピングすることで、
きれいな仕上がりになります。
少しレベルの高い作品ですが、
ゆっくり時間を掛ければ
満足のいく仕上がりになりますよ。
お好みのレースやモチーフを選び、
自分らしくアレンジしてみましょう。

1 内側の様子。ポケットが沢山！ **2** 布を変えてアレンジ。リボンを結んだり持ち手にレースを縫いつけたりしてもかわいいですよ。

材料

① 表布（上） 1枚
② 表布（下） 1枚
③ 後ろ布（上） 1枚
④ 後ろ布（下） 1枚
⑤ 底マチ（表） 2枚
⑥ 内ポケット 1枚
⑦ 内布 2枚
⑧ 底マチ（内） 2枚
⑨ 内側サイドポケット用綾テープ
　（長さ12cm×幅2.5cm） 2本
⑩ 内側サイドポケット 2枚
⑪ パイピング布
　（長さ25cm×幅4.5cm） 2本
⑫ パイピング用レース
　（長さ25cm×幅3cm） 2枚

⑬ マグネットボタン用革
　（長さ6cm×幅5cm） 2枚
⑭ マグネットボタン用布 適量
⑮ マグネットボタン用レース（11cm） 2本
⑯ 6mm幅ゴムひも（38cm） 1本
⑰ サイド用革タグ（長さ7cm×幅5.5cm） 1枚
⑱ アクリルベルトテープ
　（長さ128cm×幅3.8cm） 1本
⑲ 表布用レース（50cm） 1本
⑳ 好みのイニシャルテープやレース
㉑ マグネットボタン（直径15mm） 1組
㉒ 中カシメ（直径7mm） 2組

・接着芯

裁ち方図

※布は裏返し、その上に型紙を置いて写して下さい。
※指定がある所以外は、すべて縫い代1cmで裁ちます。
※パーツ⑪には型紙がありません。裏返した布に、直接寸法を書き込んでから裁断して下さい。

▼綿麻キャンバス（ローズ柄）

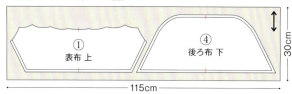

▼綿生地（太ストライプ）

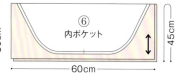

▼リネン（濃い紫）

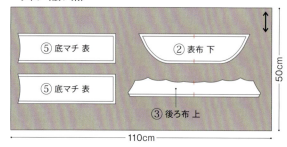

▼綿生地（細ストライプ）

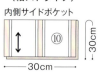

▼綿生地（無地）

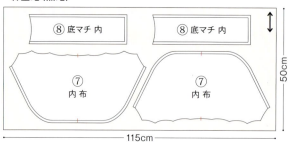

▼綿生地（チェック柄）

布の用尺

- 綿麻キャンバス（ローズ柄） ……………………………… 縦30cm×幅115cm（①、④）
- リネン（濃い紫） …………………………………………… 縦50cm×幅110cm（②、③、⑤）
- 綿生地（無地） ……………………………………………… 縦50cm×幅115cm（⑦、⑧）
- 綿生地（太ストライプ） …………………………………… 縦45cm×幅60cm（⑥）
- 綿生地（細ストライプ） …………………………………… 縦30cm×幅30cm（⑩）
- 綿生地（チェック柄） ……………………………………… 縦25cm×幅9cm（⑪）
- 接着芯 ……………………………………… 縦120cm×幅100cm（①、②、③、④、⑤、⑦、⑧に使用）

始める前に…
- 内ポケット、内側サイドポケット、パイピング布を除く全てのパーツに、接着芯を貼っておく。
- 持ち手用のアクリルベルトテープは、半分に折って折り目をつけておく。

ローズが素敵なグラニーバッグ

≫ 表布、後ろ布を作る

01 表布、後ろ布のはぎ合わせをそれぞれ中表に合わせ、まち針で留める。

02 縫い代1cmでまっすぐ縫い合わせる。

03 縫い代を紫の布の方向に片倒しにし、縫い目のキワを表側からステッチで押さえる。

04 表面の切り替えより数mm上にレースを合わせ、まち針で留める。切り替えのキワギリギリの部分、ローズ柄生地の上を縫う。

≫ 底マチを作る

05 ワッペンや布タグを付けたい場合は、このタイミングで縫い付ける。

06 底マチ(表)を中表に合わせ、縫い代1cmで縫い合わせる。

07 縫い代を割り、中心から左右5mmのところに表側からコの字にステッチを入れる。

▶▶ タックを作る

08 合印に従って表布と後ろ布を折り、まち針で留める。タックを正しく折ると、袋口がカーブを描く。ミシン目の幅を4〜5mmに設定し、端から5mmのところを仮縫いする。表布、後ろ布ともに仮縫いする。内布にも同じ手順でタックを入れる。

▶▶ 表袋を作る

09 表布の底の中心と底マチの中心を合わせ、まち針を打つ。底の中心より1cm奥に針を落とし、口へ向かって縫う。縫い代は1cmで、返し縫いをせずに縫い始める。残りの半分は、口から縫い始める。縫い終わりを縫い始めと2cmほど重ね、1cm返し縫いをする。底マチのもう一方と後ろ布も同様に縫い合わせる。端にジグザグミシン（またはロックミシン）をかけて始末しておく。

▶▶ 内ポケットを作る

10 内ポケットの「わ」から1.5cmのところをまっすぐ縫う。次に「わ」から5mmのところを縫い、1cmのゴム通しを作る。

11 ゴムを通し、布の両端から1cmずつはみ出した状態で縫い留める。返し縫いを何度か行い、ゴムが外れないよう補強する。

12 内布と内ポケットを合わせてまち針で留める。内ポケットの中心をコの字に縫い、仕切りを作る。

≫ 内側サイドポケットを作る

13 ミシン目の幅を4～5mmに設定し、内布と内ポケットを縫い代内5mmで仮縫いする。

14 内側サイドポケット布を、外表に半分に折る。「わ」になっていない方の口端を半分に折った綾テープで包み、キワを縫う。

15 内側サイドポケットと底マチ（内）を合印で合わせる。ポケットの口がマチの底の方向に向くようにする。縫い代1cmで底の部分を縫い合わせる。

16 内ポケットを折り返し、折り目のキワをステッチで押さえる。

≫ 内側の底マチを作る

≫ 内袋を作る

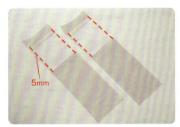

17 ポケットの両サイドをミシン目の幅5mm、縫い代内5mmで仮縫いする。

18 底マチ（内）を中表に合わせ、縫い代1cmで縫い合わせる。縫い代を割り、中心から左右5mmのところに表側からステッチを入れる。

19 表袋と同じ手順で、内布と底マチ（内）を縫い合わせる。内ポケットの端をまたいで返し縫いをする。端にジグザグミシン（またはロックミシン）をかける。

▶▶ 革にマグネットボタンを付ける

20 革の端から7mm程度のところにマグネットボタンの金属キャップを置き、足を挿す部分に印をつける。

21 目打ちで印の位置に穴を開け、ハサミの先端を差し込んで切り込みを入れる。

22 マグネットボタンの足を挿入し、金属キャップをはめてペンチで外側に倒す。

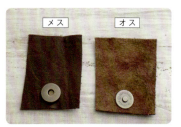
23 ボタンのオス側は革の裏から、メス側は表から足をさし込む。

24 ボタンの裏側を隠すため、革とボタンに布用ボンドを塗り、布を貼り付ける。

25 さらに、布と革の境目にレースを巻いて貼り付け、完成。

▶▶ 表袋と内袋を合わせる

26 表袋の中に内袋を入れる。それぞれの縫い代が交差するように袋口をクリップで留め、縫い代5mmで仮縫いする。

▶▶ バッグの口部分を作る

27 本体の内側中心に、マグネットボタンを付けた革を合わせる。マグネットボタンは、オスが表側、メスが後ろ側にくるように配置する。さらに、革の裏表にも注意すること。その上に裏返しにしたパイピング布を合わせ、クリップで留める。縫い代8mmで縫い付ける。

ローズが素敵なグラニーバッグ

28 パイピング布を折り返し、本体の布端を隠すように包む。最初の縫い目が隠れるところにパイピング布の折り目を合わせ、端から1mm程度のところをステッチする。もう一方も同様にして包み、パイピング仕上げをする。

29 28の上にレースを被せてクリップで留め、本体に縫い付けていく。針がレースの端から落ちないように注意。

▸▸ 本体に持ち手を縫い付ける

30 折り目をつけておいたテープの中心を、本体右側マチの中央に合わせて包み、クリップで留める。

31 本体左側マチの中央にテープの両端を合わせ、同様に包んでクリップで留める。端は重ねない。テープのねじれに注意すること。

32 本体の布端とパイピングの端を包むように、テープを折ってクリップで留めていく。テープ全体を留めておくと縫いやすい。

\ 完成！ /

33 テープの合わせ目より1cmほど奥から、返し縫いをせずに縫い始める。端から2mmほどのところを縫う。

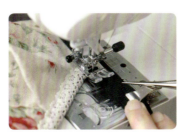

34 口部分との境目は厚みがあり、返し縫いボタンを使うと針が折れてしまう。押さえを上げて布を半回転させることで、同じ場所を縫うと良い。

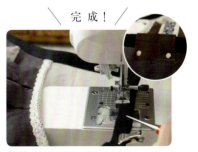

35 続けて持ち手部分も縫い、一周する。最後は縫い始めと2cm重ねて縫う。端から4mmでもう一周縫う。テープの繋ぎ目を革とカシメで隠して完成。

ドラム型ボストンバッグ

▶ 出来上がりサイズ：高さ約25cm×幅約50cm×マチ25cm（持ち手は含まない）
▶ 型紙：[A-5]

丸マチのドラムバッグには収納力があり、
1〜2泊の旅行や荷物の多いお出かけに大活躍。
パーツごとに布を変えて、自分デザインのバッグを作ってみてください。
難しそうにも見えますが、コツをつかめば一日でできちゃいますよ。

おそろいファスナーポーチ

▶ 出来上がりサイズ：高さ約10cm×幅約21cm×マチ7cm
▶ 型紙：[B-5]

マチになる部分をあらかじめ切り落としておくことで、
柄合わせが難しい生地でも綺麗に仕上げられます。
パイピング要らずでカンタンきれいな作り方を紹介しています。

▲好みの布をはぎ合わせて作りましょう。ラフな雰囲気にも可愛らしい雰囲気にも仕上げられます。

▲たっぷり入るポーチです。化粧品や筆記用具など好きなものを入れて。

ドラム型ボストンバッグ

材料

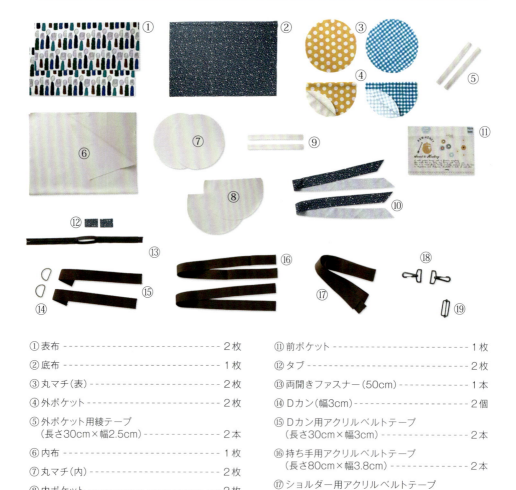

- ①表布 ･･･････････････････ 2枚
- ②底布 ･･･････････････････ 1枚
- ③丸マチ(表) ･･･････････････ 2枚
- ④外ポケット ･･･････････････ 2枚
- ⑤外ポケット用綾テープ
  (長さ30cm×幅2.5cm) ･･･････ 2本
- ⑥内布 ･･･････････････････ 1枚
- ⑦丸マチ(内) ･･･････････････ 2枚
- ⑧内ポケット ･･･････････････ 2枚
- ⑨内ポケット用綾テープ
  (長さ30cm×幅2.5cm) ･･･････ 2本
- ⑩バイアステープ(長さ80cm×幅4.5cm) ･･ 2本
- ⑪前ポケット ･･･････････････ 1枚
- ⑫タブ ･･･････････････････ 2枚
- ⑬両開きファスナー(50cm) ･･････ 1本
- ⑭Dカン(幅3cm) ･･････････････ 2個
- ⑮Dカン用アクリルベルトテープ
  (長さ30cm×幅3cm) ････････ 2本
- ⑯持ち手用アクリルベルトテープ
  (長さ80cm×幅3.8cm) ･･････ 2本
- ⑰ショルダー用アクリルベルトテープ
  (長さ160cm×幅3.8cm) ････ 1本
- ⑱ナスカン(幅4cm) ･･･････････ 2個
- ⑲送りカン(幅4cm) ･･･････････ 1個

布の用尺

- 綿キャンバス生地(カトラリー柄) ･････････････････････････ 縦60cm×幅60cm (①)
- 綿キャンバス生地(星柄)※1 ････････････････････････ 縦50cm×幅110cm (②、⑩、⑫)
- 綿生地(イエロードット柄) ･････････････････････････ 縦50cm×幅60cm (③、④)
- 綿生地(ブルーチェック柄) ･････････････････････････ 縦50cm×幅60cm (③、④)
- キャンバス生地(生成)※2 ･････････････････････････ 縦100cm×幅110cm (⑥、⑦、⑧)
- ハーフリネン(パネル柄)※3 ･････････････････････････ 縦20cm×幅25cm (⑪)

※1 デコレクションズ スター柄生地 (STARRY - gray)
※2 デコレクションズ キャンバス生地 (生成)
※3 デコレクションズ パネル生地 (AMERICAN LABEL)

裁ち方図

※布は裏返し、その上に型紙を置いて写して下さい。
※指定がある所以外は、すべて縫い代1cmで裁ちます。

※パーツ①、②、⑥、⑩、⑪、⑫には型紙がありません。裏返した布に、直接寸法を書き込んでから裁断して下さい。

▼綿キャンバス生地（カトラリー柄）

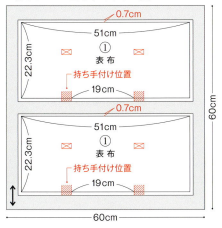

▼綿生地（イエロードット柄）
綿生地（ブルーチェック柄）

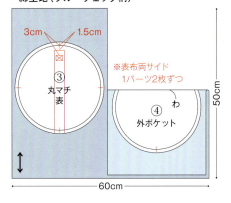

▼綿キャンバス生地（星柄）

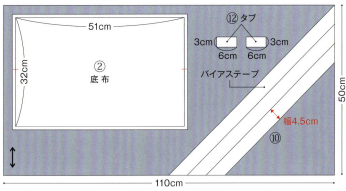

▼ハーフリネン（パネル柄）

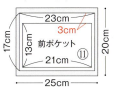

▼キャンバス生地（生成）

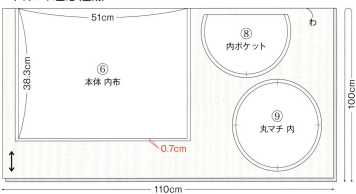

始める前に…
・バイアステープは、p.30 を参照して四つ折りにしておくこと。

» ポケットを作る

外ポケットの「わ」の部分を、半分に折った綾テープで挟み、クリップで留める。綾テープの端1~2mmのところをステッチで押さえる。余った綾テープは切る。内ポケットの口部分にも同じ手順で綾テープを縫い付ける。

02 前ポケットの口部分を1.5cmずつ三つ折りにして、まち針で留める。折り目のキワ2~3mmのところをステッチする。

» マチを作る

03 Dカン用アクリルベルトテープにDカンを通し、4cm折り返す。丸マチ（表）の中心にテープを合わせ、まち針で留める。縫い線をチャコペンで書き入れる。底から縫い始め、矢印の順に縫い進める。天辺は2度縫い、丈夫に仕上げる。

04 03に01の外ポケットを重ね、ミシン目の幅5mm、縫い代内5mmで仮縫いをする。

05 内側の丸マチにも01の内ポケットを重ね、同様に仮縫いする。

06 04と05の丸マチをそれぞれ外表に合わせ、クリップで留める。ポケットの口部分を揃え、05と同様縫い代内5mmで一周仮縫いする。2組作る。

▶▶ 表布を縫い合わせる

07 表布の中心に前ポケットを合わせておき、前ポケットの両端を隠すように持ち手用のテープを重ねる。布端から8.7cm（口部分の縫い代7mm含む）のところにバツ印を書き入れておく。

08 底から縫い始め、03の矢印と同じ順で縫いつける。もう一枚にも同様の手順で持ち手用のテープを縫い付ける。

09 底布に2枚の表布を中表に重ね、まち針で留める。布の上下に注意すること。

10 縫い代1cmで縫い合わせる。持ち手用テープとの段差は、またぐようにして返し縫いをする。

11 縫い代は底の方向に片倒しにし、表側からステッチして縫い代を押さえる。ステッチはキワから2mmと4mmのところに入れる。

▶▶ 本体を作る

12 半分に折った端布を、ファスナーの両端に重ねてクリップで留める。「わ」を内側に向け、「わ」のキワにステッチを入れる。

13 【片押さえ】裏返したファスナーを表布の端と合わせる。スライダーを適宜動かし、縫い代内5mmで仮縫いする。

14 表布のもう一方の端とファスナーの端を合わせ、同様に仮縫いして筒状に仕上げる。スライダーは適宜動かすこと。

›› 表布に内布を合わせる

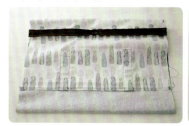

15 ファスナーの端に裏返した内布の端を合わせ、クリップで留める。

16 【片押さえ】
表布を上にして、縫い代7mmで縫い合わせる。

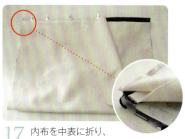

17 内布を中表に折り、ファスナーのもう一方の端と合わせる。表布を上にして、先ほどと同様に縫い代7mmで縫う。

18 【片押さえ】
表に返す。ファスナーの両脇の折り目のキワ2〜3mmのところをステッチで押さえる。

›› マチと本体を縫い合わせる

19 本体を裏返す。丸マチと本体底の合印を合わせて、一周ぐるりとクリップで留める。ポケットの向きに注意すること。本体布が引きつれるときは、本体布のみに切り込みを入れると良い。ファスナーの1cm奥から、返し縫いをせずに縫い始める。縫い終わりは縫い始めと重ね、返し縫いをして完了。

ドラム型ボストンバッグ

20 広げたバイアステープの端と内側のマチの縁を合わせ、クリップで留める。バイアステープの端は、内側に折り返しておく。

21 バイアステープのつなぎ目から縫い始め、丸マチを上にした状態で一周縫う。バイアステープを折り返し、布端を隠すように包む。最初の縫い目が隠れるところにバイアステープの折り目を合わせ、端から1mm程度のところをステッチする。もう一方も同様にして包み、ファスナー面を上にしてパイピング仕上げをする。

▶▶ ショルダーを作る

22 ショルダー用テープの一方の端にナスカンを通し、端を1〜2cm内側に折り込む。

23 もう一方の端には送りカン、ナスカンを通す。22と同様、テープの端は内側に折り込んでおく。

24 テープ端にステッチを2本入れる。最初と最後に返し縫いをして、端から5mmのところと1cmのところを縫って完成。

25 ショルダー完成。本体両側のDカンに取り付ける。

おそろいファスナーポーチ

材料

① 表布 ------------------ 2枚
② 底布 ------------------ 1枚
③ 内布 ------------------ 1枚
④ タブ ------------------ 2枚
⑤ ファスナー（30cm） ------- 1本

裁ち方図

※布は裏返し、その上に型紙を置いて写して下さい。
※指定がある所以外は、すべて縫い代1cmで裁ちます。
※パーツ④には型紙がありません。裏返した布に、直接寸法を書き込んでから裁断して下さい。

▼綿キャンバス生地（フォーク柄）

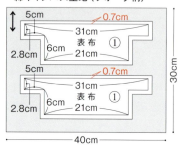

▼綿キャンバス生地（星柄）

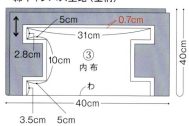

▼綿生地（ブルーチェック柄）

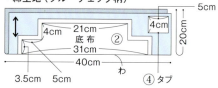

布の用尺

・綿キャンバス生地
　（カトラリー柄） ------------ 縦30cm×幅40cm（①）

・綿生地
　（ブルーチェック柄） ------ 縦20cm×幅40cm（②、④）

・綿キャンバス生地（星柄） ------ 縦40cm×幅40cm（③）

※1 デコレクションズ 星柄生地（STARRY-gray）

おそろいファスナーポーチ

≫ タブを作る

01 タブ2枚を三つ折りにしてまち針で留め、中心をまっすぐステッチする。

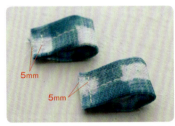

02 さらに半分に折って、5mm内側を仮縫いする。

≫ 本体を作る

03 底布と表布2枚を中表に合わせ、まち針で留める。

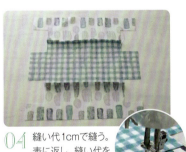

04 縫い代1cmで縫う。表に返し、縫い代を底方向に片倒しにして、キワをステッチで押さえる。

05【片押さえ】布端に裏返したファスナーを重ね、クリップで留める。スライダーを適宜動かしながら、縫い代内5mmで縫い合わせる。

06 05と内布を中表に重ね、クリップで留める。

07 表布を上にした状態で、縫い代7mmで縫い合わせる。05の縫い目を目安にして縫い進めると良い。

08 表にして、表布と内布を外表に合わせる。

09 表布を上にして、キワをステッチで押さえる。押さえの端と布のキワを合わせながら縫うと、縫い目が乱れず綺麗に仕上がる。

10 表布を半分に折り、ファスナーの端と合わせてクリップで留める。ファスナー面を上にして、縫い代内5mmで縫い合わせる。

11 内布も同様に折ってファスナーの端と合わせ、表布を上にして縫い代7mmで縫う。

12 ファスナーを全開にして、表に返す。

13 11の縫い目の脇にまち針を打ち、押さえの位置を変えて表側からステッチしていく。一方は開き口から縫い、もう一方は開き止まりから縫う。開き止まりから縫う時は、ファスナーを5cmほど閉じて平らにした状態で縫い始める。スライダーは適宜動かす。

14 ファスナーを全て閉じ、両端にタブを縫い付ける。「わ」を内側に向け、2〜3重に縫い付けること。

15 再度裏返しにして、表布と内布をそれぞれ表合わせにする。両端をまち針で留める。

16 縫い代1cmでまっすぐ縫い合わせる。タブの両脇は、段差をまたぐようにして返し縫いをする。

おそろいファスナーポーチ

17 それぞれの角を開き、表布と内布を畳んで合わせる。

18 まち針で留めて、縫い代1cmで縫い合わせる。残り3ヵ所を同じ手順で縫う。

19 最後の1ヵ所は内布を畳まず、表布だけを縫い代1cmで縫い合わせる。内布の縫い代は三角になるように畳む。

20 縫い合わせなかった部分を返し口として、袋を表に返す。

\ 完成！/

21 内布の縫い代を内側に折り込み、コの字とじで縫う。

22 完成！

157

ラミネート生地の
グラニーバッグ

▶ 出来上がりサイズ：
　高さ約27cm×幅約38cm×マチ16cm
　（持ち手は含まない）
▶ 型紙：[B-6]

ツヤ感のあるラミネート生地を使った
ボリューム感のあるグラニーバッグです。
本体の前面と側面に加えて
内布にも4つのポケットを設けることで
使い勝手の良いバッグに仕上げています。
通勤通学にも、マザーズバッグとしてもお勧めです。

材 料

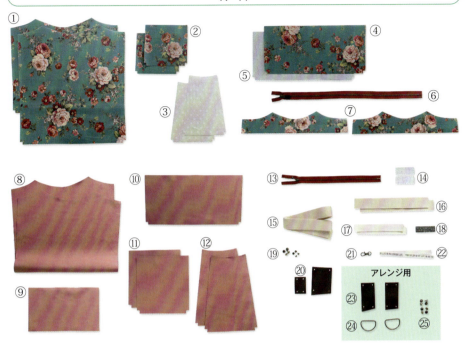

- ① 本体(前布・後ろ布) ･･･････････ 各1枚
- ② 側面ポケット ･････････････････ 2枚
- ③ 本体側面 ･････････････････････ 2枚
- ④ 前面ポケット ･････････････････ 1枚
- ⑤ 前面ポケット内布 ･････････････ 1枚
- ⑥ 本体口用ファスナー(55cm) ･･･ 1本
- ⑦ 口布 ･････････････････････････ 2枚
- ⑧ 本体内布 ･････････････････････ 1枚
- ⑨ 内側ポケットA ･･･････････････ 1枚
- ⑩ 内側ポケットB ･･･････････････ 1枚
- ⑪ 内側側面ポケット ･････････････ 2枚
- ⑫ 内布側面 ･････････････････････ 2枚
- ⑬ 前面ポケット用ファスナー(35cm) ･･･ 1本
- ⑭ ファスナータブ(7×25mm) ････ 2枚
- ⑮ 持ち手テープ(38mm巾 2mm厚 155cm) 1本
- ⑯ 口布テープ(38mm巾 2mm厚 28cm) ･･･ 2本
- ⑰ 綾テープ(25mm巾 18cm) ･････ 2本
- ⑱ タグ ･････････････････････････ 1枚
- ⑲ ファスナーエンド革留め用中カシメ
  (直径7mm×足8mm) ･････････ 4組
- ⑳ ファスナーエンド革、サイド革 ･･･ 各1枚
- ㉑ ナスカン ･････････････････････ 1個
- ㉒ ループ用テープ ･･･････････････ 1本
- ㉓ ショルダー根革 ･･･････････････ 2枚
- ㉔ Dカン(幅2.5cm) ･････････････ 2個
- ㉕ ショルダー根革用中カシメ
  (直径7mm×足8mm) ･････････ 4組

アレンジ用

- ㉓ ショルダー根革(4cm×8cm) ･･･ 2枚
- ㉔ Dカン(幅4cm) ･･･････････････ 2個
- ㉕ ショルダー根革用中カシメ
  (直径9mm×足8mm) ･････････ 4組

布の用尺

- ラミネート生地(花柄) ･････････ 縦70cm×幅110cm(①、②、④、⑦)
- ラミネート生地(水玉柄) ･･･････ 縦40cm×幅50cm(③)
- 帆布 ･･･････････････････････ 縦100cm×幅110cm(⑧、⑨、⑩、⑪、⑫)
- コットン(ストライプ) ････････ 縦50cm×幅40cm(⑤)

裁ち方図

※布は裏返し、その上に型紙を置いて写して下さい。
※指定がある所以外は、すべて縫い代1cmで裁ちます。

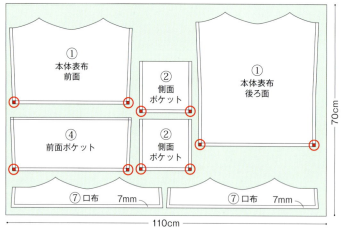

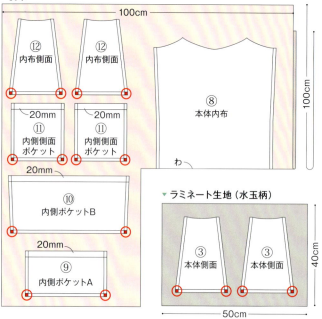

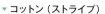

口が大きく開き、中のポケットにもアクセスしやすくなっています

ラミネート生地で作るグラニーバッグ

›› 側面ポケットの取り付け

01 側面ポケットの上縁に、綾テープをクリップで仮留めする。

02 綾テープの際を、できるだけテープの縁に近い位置で縫い合わせる。

03 ポケットの幅からはみ出している綾テープを、ポケット幅に合わせて裁断する。

04 両方の側面ポケットの縁に、綾テープを縫い合わせた状態。

05 側面に、綾テープを縫い合わせた側面ポケットを合わせて、クリップで仮留めする。

06 縫い代内5mmで側面とポケットを仮縫いする。まず底辺を縫い合わせる。

07 ポケットの側面は、下から上に向かって縫い合わせる。

08 両側の側面とポケットの仮縫いができた状態。(仮縫いはあらミシンでもよい)

09 二つ折りにしたファスナータブを、ファスナーの端の取り付け位置にまち針で仮留めする。

>> **本体前胴の製作**

10 ファスナータブとテープが重なる部分を、片側2ヵ所、計4ヵ所縫い合わせる。

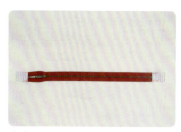

11 ファスナーの両端に、ファスナータブを縫い合わせた状態。

12 前面ポケットに、お好みで革タグを縫い合わせる。

13 中心を合わせてファスナーを前面ポケットの表布に仮留めし、5mmで仮縫いする。

14 表布とファスナーを縫い合わせたら、内布を表合わせにして仮留めする。

15 表布面側にし、7mmの縫い代で縫い合わせる。

16 内布を縫い合わせたら、側辺からはみ出しているファスナータブを切り揃える。

17 縫い合わせたファスナーテープ部分で折り返して、ポケットを表に返す。

18 ポケット上辺の際を、2mmで縫い合わせる。

ラミネート生地で作るグラニーバッグ

19 ポケットの上辺を縫い合わせたら、表布と内布の縁を合わせてクリップで仮留めする。

20 ポケットの下辺と両側辺に、コの字にあらミシンをかける。

21 ポケットを前布本体の合印に合わせ、クリップとマスキングテープなどで留める。

22 ファスナーテープを、7mmで縫い合わせる。ここは2本縫うとなお良い

23 ファスナーテープ部分で本体の表布と前面ポケットが縫い合わされ、このような状態になる

24 ポケットをファスナー部分で折り、本体の下辺と位置を合わせて仮留めする

>> **本体表袋の製作**

25 下辺と側辺に、コの字にあらミシンをかける。

26 ポケットと表布が縫い合わされた表面

27 本体の表面と後ろ面を、底辺の位置を合わせて表合わせの状態でクリップで仮留めする。

28 底の部分を縫い合わせる。

29 表面と後ろ面を、底での部分で縫い合わせた状態。

30 縫い合わせた底の部分で本体を折って、縫い代を底側に片倒ししにする

31 片倒しにした縫い代を一緒に縫い合わせるように、折り返した部分を5mm幅で縫い合わせる

32 本体の表布ができた状態。

33 縫い合わせた表布に、合印に合わせて側面の底部分をクリップで仮留めする。

34 仮留めした底の部分を、1cmの幅で縫い合わせる。

35 続いて側辺の位置を合わせて、クリップで仮留めする。

36 側辺部も底と同様に1cm幅で縫い合わせる。

ラミネート生地で作るグラニーバッグ

37 もう片側の側辺をクリップで仮留めする。

38 同様に、1cm幅で縫い合わせる。

39 反対側も同様に底、側辺の順で縫い合わせる。

40 両方の側面を本体に縫い合わせたことで、袋状になる。

41 縫い上がった本体を、表に返す。縫い代が広がらないように、向きを揃えて折り込みながら表に返す。

42 本体を表に返した状態。これで表袋は完成。

≫ 内側ポケットの製作

43 ポケットBと内側側面ポケットの口をそれぞれ三つ折りにして、マチ針で仮留めする。

44 ポケットAの口も、三つ折りにしてマチ針で仮留めする。

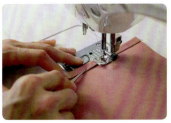

45 各ポケットの口の際を2mm程で縫い合わせる。

46 ポケットBと内側側面ポケットの下準備は完了。

47 ポケットAのみ、上辺以外の3辺をジグザグ縫いしておく。

48 3辺をジグザグ縫いしたポケットA。

49 側面パーツにポケットを仮留めする。

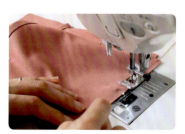

50 ポケットの底辺と側辺を縫い代内5mmで仮縫いする。

51 両側の側面とポケットの仮縫いができた状態。

≫ 外ポケットに内布をつける

52 本体内布の袋口から8cmの所に、ポケットAの3辺を1cm内側に折り込んで、マチ針で仮留めする。

53 ポケットAの3辺を、際2mm程で縫い合わせる。

54 左の側辺から12cmの位置を縦に縫い合わせて、ポケットに仕切りを作る。

ラミネート生地で作るグラニーバッグ

55 ポケットAが取り付けられた状態。

56 ポケットBの底辺を本体底の合印に合わせて仮留めする。

57 まず、ポケットの底辺を本体の内袋と縫い合わせる。

58 ポケットを縫い目で折り返し、折り返した部分を1cm幅で縫う。

59 折り返したポケットBの底辺部分を縫い合わせると、このような状態になる。

60 ポケットBの側辺を、下から上に向かって縫い代内5mmで仮縫いする。

61 ポケットBが取り付けられた状態。

62 側面の内布を底部分に合わせて、マチ針で仮留めする。

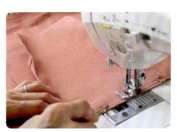

63 底辺、側辺の順で側面の内布と本体の内布を1cmで縫い合わせる。

≫ 口布とファスナーの縫い合わせ（p.97参照）

64 本体の内布と両側面の内布を縫い合わせて、内袋が完成。

65 口布にファスナーテープを取り付ける。開き口側は端から2cmあけた位置にテープの端を合わせる。

66 閉じ口側は端から4cmの位置まで縫い合わせる。

67 布端から7mmでファスナーテープと口布を縫い合わせる。

68 閉じ口側は忘れずに4cm縫い残すこと。

69 口布とファスナーを縫い合わせた状態。

70 ファスナーの閉じ口の縫い止まりは、ファスナーの端でよい。

71 もう片側のファスナーテープと口布も、同様に縫い合わせる。

72 口布とファスナーを縫い合わせた状態。

ラミネート生地で作るグラニーバッグ

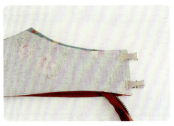

73 口布を表合わせにして、クリップで仮留めする。

74 表合わせにした口布の両端を、1cmで縫い合わせる。

75 縫い代を開いて、5mm幅で縫う。

76 両端を縫い合わせたことで、口布はこのように輪状になる。

77 ファスナーテープの縫い目部分で口布を折り返して、クリップで仮留めする。

78 折り返した部分の際を、2mm程でぐるりと1周縫い合わせる。

>> ループの製作

79 口布ができた状態。

80 40cmのテープにナスカンを通し、"わ"にする。

81 テープの際を縫い合わせて、ループは完成。

≫ 本体を作る

82 外袋の中に内袋を入れて、口の位置を合わせる。

83 口周りを1周布端から5mm程で縫い合わせて、外袋と内袋を一体化する。

84 外袋と内袋を縫い合わせたことで、グラニーバッグの基本形が完成した。

85 ループの取り付け位置を決めて、クリップで仮留めする。

86 ループを布端から5mmで仮縫いする。

87 本体との縫い合わせ同士を合わせ、側辺の中心に合印の切れ目を入れる。

88 先に作っておいた口布を本体の内側にセットして、縫い目と合印を合わせて取り付け位置を決める。

89 口布の取り付け位置を決めたら、クリップで仮留めする。

90 口の周囲を布端から5mmで一周縫い合わせる。この時ループも本縫いされている。

ラミネート生地で作るグラニーバッグ

91 口布と縫い合わせた状態。

92 口布をアクリルテープで挟み、クリップで仮留めする。

93 口布を挟んだテープを縫い合わせる。

94 テープを縫い合わせたら、はみ出している部分を、バッグの形に合わせて切り落としておく。

95 口布にテープを縫い合わせると、このような状態になる。

96 持ち手用のアクリルテープの中心を脇に合わせ、持ち手の長さを左右同じにしてクリップで仮留めする。（p.145参照）

97 テープの合わせ目部分から縫い始めて、1周縫い合わせる。

98 1周縫い合わせたら、テープの合わせ目部分を二重に縫って縫い終わる。

99 脇の部分に革を挟んでテープの切れ目を隠し、目打ちで反対側の革まで貫通する穴をあける。

100 あけた穴にカシメをセットする。

101 表側に出たカシメの足に、アタマをセットする。

102 ファスナーテープの端も革を挟んで穴をあけ、カシメをセットする。

103 カシメをカシメ打で打って固定します。

104 バッグの脇部分には、このように革が取り付ける。

105 ファスナーテープの端にも、このように革を取り付ける。

ラミネート生地で作るグラニーバッグ

\ 完 成 ！ /

持ちやすい大きさ、そして大容量のこのグラニーバッグは、日常の様々なシーンで使えるはず。

ショルダーアレンジ

両端に根革を介してDカンを取り付ければ、ショルダータイプとしても使用できる。

サイズアレンジ

側面と本体の長さを同じだけ延長すれば、そのまま縦寸の大きなバッグにアレンジできる。

製作の幅を広げるアレンジレシピ

本書の中で製作しているバッグの製作のバリエーションを広げる、アレンジレシピです。ここではダブルファスナーポシェット（p100～）、マルシェバッグ（p122～）、ラウンドポシェット（p130～）のアレンジを紹介します。

ダブルファスナーポシェット　マチ付きアレンジ　　型紙[B-7]

- ①マチ・口布用布 ･･･････････････ 1枚
- ②革(7×3) ････････････････････ 2枚
- ③Dカン(3cm) ･････････････････ 2個
- ④大カシメ ･･････････････････････ 4組
- ⑤ファスナー（35cm）･･･････････ 1本
- ⑥革(5×3cm) ･･････････････････ 1枚

▶ 出来上がりサイズ：
　高さ約28cm×幅約32cm×マチ約8cm

裁ち方図

※布は裏返し、その上に型紙を置いて写して下さい。
※指定がある所以外は、すべて縫い代1cmで裁ちます。

- ⑦口布　1cm　7mm
- ⑦口布　1cm　7mm
- ①マチ(底)・内布(各1)
- 表布／内布　1cm　内布(各1)　①マチ(側面)
- 表布／内布　1cm　内布(各1)　①マチ(側面)

70cm × 30cm

Part.2　布製作の幅を広げるアレンジレシピ

■ マチの寸法を出す

01 型紙のマチを入れたい部分に布テープを沿わせて、長さを合わせる。

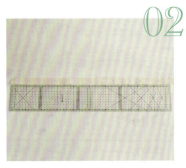
02 テープの長さを測って、マチの長さを決める。（伸びない綿テープがお勧め）

03 分割マチにするので、縫い合わせた時に長さが合うようにパーツを裁断する。

■ マチと口布の製作

04 マチを接ぎ合せ、左右それぞれ底側に縫い代を片倒しにして際を2mmで縫う。

05 底と左右のマチを縫い合わせた状態。

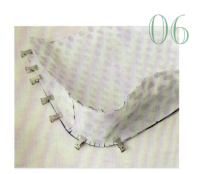
06 角のカーブ部分には縫い代に切れ目を入れて、本体に沿わせて仮留めする。

07 本体はダーツを入れず、底の中心から袋口に向かって縫い合わせる。

08 マチと本体を縫い合わせたら、カーブの縫い代を3mm程切り落とす。

09 口布にファスナーを合わせる、開き側は3cm、閉じ側は5cmあける。

ファスナーを縫い、両サイドを1cmの縫い代で縫い、割って5mmで縫う。

縫い代を折り返して、際を2mmで縫い合わせる。

際の部分を縫い合わせると口布はこのような状態になる。

ファスナーテープの端に革を挟み、目打ちで穴をあけてカシメで留める。

ファスナーテープに革を取り付けた状態。

マチの中心と口布の縫い合わせ中心が合うように合印で合わせる。

位置を合わせたら、縫い代1cmで口布、内袋、外袋を縫い合わせる。

縫い合わせた状態。ここから先の工程は同じとなる（p.106〜参照）。

マルシェバッグ 巾着口アレンジ

① 巾着用布 ------------------------- 2枚
② 革持ち手（15mm幅×66cm）--------- 2本
③ ひも（110cm）-------------------- 2本
④ 大カシメ ------------------------- 8組

裁ち方図

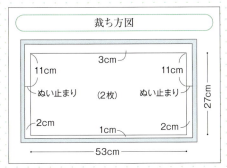

■ 口布の製作

01 口から14cmの縫い止まりにマチ針を刺す。

02 マチ針から下の部分を縫い合わせて、口布を筒状にする。

03 アイロンをかけて縫い代を割り、3つ折りにして包む。

04 3つ折りにして包んだら、端から端まで際を2mmで縫い合わせる。

05 巾着のひも通し部分を3つ折りにして、マチ針で仮留めする。

06 3つ折りにした部分にアイロンをかけて、際を2mmで縫い合わせる。

■ 本体と巾着の縫い合わせ (p.128 28〜の口布が巾着口になる)

07
本体の袋口に、縫い合わせた巾着パーツを表合わせに合わせて仮留めする。

08
縁から1cmの位置で、口周りを一周縫い合わせる。

09
縫い代部分をジグザグミシンかロックミシンで縫って処理する。

10
巾着パーツを内側に入れる。

11
袋口を5mmと8mmの位置で、それぞれ一周縫い合わせる。

12
カシメで持ち手を取り付ける。カシメは1ヵ所に2セット使用する。

13
巾着のひも通し部分に、ひもを通し完成。

Part.2 布製作の幅を広げるアレンジレシピ

ラウンドポシェット　ファスナー口アレンジ

型紙[B-8]

① 口布 ------------------------ 2枚
② 口布内布 ---------------------- 2枚
③ ファスナー（35cm）-------------- 1個

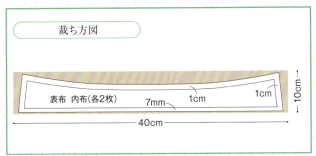

裁ち方図

表布　内布（各2枚）　7mm　1cm　1cm
40cm
10cm

■ 口布の製作

01

表と内の口布とファスナーを用意して、縫い合わせる方向を確認する。

02

ファスナーの付け位置に注意して、表布にファスナーを5mmで仮縫い。

03

内布を表合わせにして、仮留めする。

179

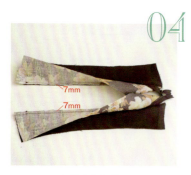

ファスナーを挟んだ状態で布端から縫い代7mmで縫い合わせる。反対も同様。

口布を広げて両脇を合わせ、マチ針で仮留めする。

仮留めした両脇を、1cm幅で縫い合わせて表にし、縫い代を割り5mmで縫う。

表に返してファスナーの際を2mmで縫う。

本体表袋に口布を表合わせにする。

表にした内袋を中に入れて、合印と縫い目の位置を合わせる。

袋口を一周1cm幅で縫い、縫い代をグザグミシンかロックミシンで縫う。

返し口から本体を引き出すようにして、表に返す。

本体が表に返った状態。ファスナーの開閉具合を確認しておく。

Part.2　布製作の幅を広げるアレンジレシピ

13

袋口を中に折り3mmと5mmで縫う。合皮部があるので、テフロン押さえを使用。

14

ファスナー口はこれで完成。返し口を手縫いして閉じておく。

■ 革の取り付け

15

両サイドに肩ひも用の革とDカンを付け、ファスナーの端にも革を付ける。
（p.100〜ダブルファスナー参照）

16

ファスナーの端を革で挟んで穴をあけ、カシメで留める。

17

革にDカンを通して本体を挟んで穴をあけ、カシメで留める。

ポケットのアレンジ

このラウンドポシェットは、マグネットで口を閉じられるポケットにアレンジされている。より使いやすいバッグにするために、ポケットのアレンジは効果的。

おわりに

図書館で何気なく見ていた手芸本コーナー。
そこで出会った本が今の手作りをはじめる"きっかけ"となった私の"原点"です。
いろんな生地を組み合わせて一つのものを作るのは、
当時の私にとっては新鮮で、うれしい驚きと発見でした。

最初はいろんな柄の布を20cmずつ買い揃えることから。
合わせた布の表情の変化が楽しくて、
それから毎日夢中になってミシンを動かしています。
手作りを通して誰かと交流できたらと2005年春から始めたブログも早9年。
お陰様で"継続は力なり"の言葉の通り、
"綺麗に見せたい"という気持ちからミシンの腕も上がりました。
そして、今やハンドメイドが私の手仕事となり、
日々の制作をつづるブログは生活の一部ともなっています。

人生何が"きっかけ"になるのかわかりません。
30才を過ぎてから夢を持ち、
手作りを通じてたくさんの友人にも恵まれ、毎日が充実した日々に変わりました。
そして続けてきたことで、
こうして"1冊の本"として形に残すことができたのは感無量です。

私があの時出会った本のように
この本が、手にしてくださる方にとって
何かの"きっかけ"となる1冊になれたらうれしいです。

最後に、本書の制作にてお世話になりました関係者の皆様、家族や友人、
ブログやSNSを通じて支えてくださる全ての皆様に心より感謝致します。

2014年10月

yunyunこと

猪俣 友紀